시와 MBTI

인공지능총서

인공지능 시대입니다. 기계가 인간의 인지를 대신하고, 사물이 인간을 통하지 않고 다른 사물과 직접 커뮤니케이션합니다. 이에 따른 인간 삶과 문명 변화를 정확히 이해·예측·대응하는 것은 이 시대 우리 모두의 과제입니다. 인공지능총서는 인공지능 기술과 환경의 여러 주제를 10가지 키워드로 정리합니다. 관련 개념과 이론, 학계와 산업계의 쟁점, 우리 일상의 변화를 다룹니다. 인간과 기술의 현재, 미래를 세심히 분석합니다.

일러두기

- 인명, 작품명, 저서명, 개념어 등은 한글과 함께 괄호 안에 해당 국가의 원어를 병기했습니다.
- 외래어 표기는 현행 어문규정의 외래어표기법을 따랐습니다.

처음이세요?

전문가세요?

AI와 MBTI

한정규

대한민국, 서울, 커뮤니케이션북스, 2025

시와 MBTI

지은이 한정규
펴낸이 박영률

초판 1쇄 펴낸날 2025년 5월 8일

커뮤니케이션북스(주)
출판 등록 2007년 8월 17일 제313-2007-000166호
02880 서울시 성북구 성북로 5-11
전화(02) 7474 001, 팩스(02) 736 5047
commbooks@commbooks.com
www.commbooks.com

ISBN 979-11-430-0042-2 03500

책값은 뒤표지에 표시되어 있습니다.

차례

인간과 AI의 새로운 대화

인공지능(AI)은 현대 사회에서 인간과 기술 간의 대화 방식을 혁신적으로 바꿔 놓았다. 챗지피티(ChatGPT)와 같은 대화형 AI는 자연어 처리를 바탕으로 인간과의 자연스러운 상호 작용을 목표로 설계되며, 정보 탐색, 문제 해결, 그리고 정서적 지지 등과 같은 다양한 역할을 수행할 수 있다(Salles, et al., 2020). 일상에서 접하는 추천 알고리즘, 대화형 챗봇, 그리고 자동화된 데이터 분석 도구들은 단순한 기계적 도구를 넘어 인간의 심리적 · 정서적 영역까지 영향을 미치고 있다. 이러한 AI의 진화는 기술적 혁신을 넘어 인간과 기계의 관계를 재정의하고 있다. 이처럼 AI의 발전 속도는 상상을 초월한다.

몇 년 전만 해도 SF 영화에나 등장하던 기술들이 이제는 일상 속에 깊숙이 스며들었다. 스마트폰의 음성 비서, 자동 번역 시스템, 자율 주행차, 그리고 창작 활동을 수행하는 AI까지, 우리는 AI와 끊임없이 소통하며 살아가고 있다. 하지만 AI와 인간의 관계를 단순히 '편리한 도구'의 관점으로만 바라볼 수 있을까? AI는 인간과 어떤 방식으로 대화하고, 인간은 AI와 어떻게 소통해야 할까?

이 책은 AI와 인간의 대화 방식에 대한 새로운 접근을 탐색하는 여정을 담고 있다. 흔히 AI를 이야기할 때, 인간과 기계의 관계를 일방적인 명령과 수행의 구조로 이해하는 경우가 많다. 인간이 명령을 내리면 AI가 그것을 실행하는 방식이다. 하지만 AI의 역할이 점점 확장되면서, 우리는 AI와 더욱 긴밀한 상호 작용을 요구받고 있다. 이제 AI는 단순한 도구가 아니라 우리의 질문에 답을 하고, 감정을 분석하며, 창의적인 결과물을 제시하는 수준에 이르렀다. 이러한 변화 속에서 AI와의 대화 방식도 기존과는 다른 새로운 형태로 발전해야 한다.

사람마다 다르게 반응하는 AI의 기능은 단순히 기술적 속성만으로 설명할 수 없다. 성격 유형 이론, 특히 MBTI(Myers-Briggs type indicator)는 AI와 인간의 상호 작용에서 중요한 통찰을 제공한다.

MBTI는 외향/내향(Extraversion/Introversion), 감각/직관(Sensing/Intuition), 사고/감정(Thinking/Feeling), 판단/인식(Judging/Perceiving)이라는 4가지 차원을 기반으로 성격 유형을 정의한다. 이러한 성격적 속성을 AI에 이식하면, AI는 다음과 같은 방식으로 인간과의 상호 작용을 보다 정교화할 수 있다.

외향적(E)인 사람은 대화형 AI와 활발히 소통하며 이를 확장된 관계로 받아들인다. 반면 내향적(I)인 사람은 비대면적이고 자기 주도적인 상호 작용을 선호한다. 감각적(S)인 성향은 실질적이고 구체적인 정보를 통해 AI를 신뢰하고, 직관적(N)인 성향은 창의적 아이디어와 가능성을 탐구하는 AI와 교감한다. 사고형(T)은 논리와 데이터를 기반으로 AI와 협력하며, 감정형(F)은 정서적 지지와 공감을 제공하는 AI를 신뢰한다. 이러한 성격 유형별 특성은 AI 설계와 구현 과정에서 필수적인 고려 요소가 된다.

AI와 인간의 대화는 기술적인 상호 작용을 넘어 정서적 연결을 형성한다. 감정 인식 알고리즘은 사람의 목소리, 얼굴 표정, 그리고 텍스트 데이터를 분석해 인간의 정서를 이해하고 대응할 수 있다. 그러나 정서적 상호 작용이 심화될수록 인간은 AI를 '기계'로 인식하는 대신 일종의 동반자로 간주하는 경향을 보인다(Galvez & Hanono, 2024). 이 과정에서 AI는 단순한 도구 이상의 존재로 다가오며, 이는 인간의 사회적 신뢰, 윤리적 판단, 그리고 정체성에도 영향을 미친다.

MBTI 성격 유형은 인간-AI 상호 작용을 개인화하고 최적화하는 데 중요한 역할을 한다. 예를 들어, 교육 현장에서 AI 튜터는 학생의 성격 유형에 맞춘 학습 경험을 제공할 수 있다. 외향적인 학생에게는 대화형 피드백을, 내향적인 학생에게는 자율적인 학습 자료를 제시함으로써 학습 효율성을 높이게 된다. 비즈니스 환경에서도 성격 유형을 고려한 AI 도구는 팀 간의 협업을 개선하고, 생산성을 극대화할 수 있다.

그러나 AI의 성격 유형 데이터를 활용하는 데는 윤리적 문제와 데이터 프라이버시라는 도전 과제가 따른다. MBTI 기반의 데이터 분석은 인간 행동을 지나치게 단순화하거나 오용될 가능성을 내포한다. 데이터 편향이나 프라이버시 침해를 방지하기 위해 투명성과 책임감 있는 설계가 필요하다. 신뢰를 기반으로 한 AI 시스템의 설계는 기술의 윤리적 한계를 극복하고 인간 중심의 가치를 실현할 수 있다.

인공지능과 MBTI의 결합은 단순히 기술적 혁신을 넘어서 인간다움의 의미를 다시 성찰하게 한다. 인간은 기계와 상호 작용하며 새로운 형태의 대화를 만들어 가고, 이러한 과정은 기술의 가능성과 한계를 동시에 탐구할 기회를 제공한다. 인간-AI의 새로운 대화는 기술이 인간의 정체성과 윤리적 가치를 강화하는 방향으로 나아가야 한다.

AI와의 대화는 더 이상 단순한 질의응답의 형태로 머물지 않는다. 예를 들어, AI 챗봇은 사용자의 감정을 분석하여 공감 어린 답변을 제공하고, AI 기반 창작 도구는 인간의 아이디어를 발전시키는 협업자로 작용한다. 이러한 흐름 속에서 우리는 AI와의 관계를 어떻게 정의해야 할까? AI가 단순한 기계적 응답을 넘어 인간과 소통할 수 있는 존재라면, 인간과 AI의 대화는 어떤 의미를 가질까?

기술의 발전이 가져온 변화는 AI를 단순한 명령 수행자에서 벗어나 보다 능동적인 소통자로 변화시키고 있다. 예를 들어, 자연어 처리 기술의 발전으로 인해 AI는 문맥을 이해하고, 사용자 의도를 파악하며, 때로는 유머와 감성을 반영한 답변까지 제공할 수 있다. 또한 AI는 축적된 데이터를 기반으로 인간의 성향을 학습하고, 이를 반영한 맞춤형 소통을 시도하고 있다. 이제 인간과 AI의 관계는 단순한 '입력과 출력'이 아니라, 서로의 의도를 파악하고 조율하는 '대화'로 확장되고 있다.

AI와 인간의 관계를 단순한 주종 관계로 바라보는 시각은 이제 한계를 드러낸다. AI는 더 이상 인간의 지시에 따라 움직이는 수동적 존재가 아니라, 인간과 협력하고 때로는 인간이 생각하지 못한 새로운 가능성을 제시하는 창의적 도구로 자리 잡고 있다. 의료 AI는 방대한 데이터를 분석해 의사에게 새로운 진단의 가능성을 제공하고, 금융 AI는 인간이 간과할 수 있는 투자 기회를 포착하며, 예술 AI는 인간과 협업해 새로운 형태의 예술 작품을 창조한다.

그렇다면 이러한 변화 속에서 인간의 역할은 무엇일까? AI와의 대화가 더욱 정교해지고 협력의 방식이 다양해질수록, 인간은 AI의 결과물을 단순히 받아들이는 것이 아니라 이를 비판적으로 검토하고 조정하는 역할을 해야 한다. AI가 제공하는 답변이 항상 옳거나 윤리적이지 않을 수도 있으며, 인간의 가치관과 충돌하는 경우도 발생할 수 있다. 따라서 AI와의 대화는 단순히 기술적 상호 작용이 아니라 인간의 판단력과 윤리적 기준이 개입되는 복합적인 과정이 되어야 한다.

인간과 AI가 효과적으로 대화하기 위해서는 새로운 패러다임이 필요하다. 지금까지의 인간-기계 상호 작용은 주로 명령어 기반(예: "음악 재생해 줘", "날씨 알려줘")이었다. 하지만 앞으로는 보다 자연스러운 대화 방식이 요구될 것이다. AI는 단순한 요청 수행자가 아니라 사용자의 맥락을 이해하고, 개인의 특성을 고려하며, 더욱 의미 있는 소통을 제공해야 한다.

이를 위해서는 몇 가지 핵심적인 변화가 필요하다. 첫째, AI는 인간의 감정을 이해하고 공감하는 능력을 더욱 발전시켜야 한다. 단순한 정보 제공을 넘어 사용자와 감성적으로 연결될 수 있어야 한다. 둘째, AI와의 대화는 인간의 다양성을 존중하는 방향으로 나아가야 한다. 인간은 각기 다른 성향과 사고방식을 가지고 있으며, AI는 이를 반영해 맞춤형 소통을 제공해야 한다. 셋째, 인간과 AI의 관계에서 신뢰를 형성하는 것이 중요하다. AI가 제공하는 정보의 신뢰성을 확보하고, 인간이 AI의 결정을 이해하고 검토할 수 있도록 투명성을 높이는 것이 필요하다.

AI는 현대 사회에서 인간과 기술 간의 대화 방식을 혁신적으로 바꿔 놓았다. 대화형 AI는 인간과의 자연스러운 상호 작용을 목표로 설계되며, 정보 탐색, 문제 해결, 그리고 정서적 지지 등을 포함한 다양한 역할을 수행한다(Salles, et al., 2020). MBTI는 인간의 성격 유형을 설명하고 인간 간의 차이를 이해하는 데 유용한 심리학적 도구로 교육, 조직 관리, 상담 등 다양한 영역에서 널리 사용되고 있다(Asahiah, et al., 2024).

AI는 이제 인간 사회에서 불가피한 존재가 되었다. 그러나 AI가 인간을 대체하는 것이 아니라 인간과 함께 성장하며 발전하는 방향으로 나아가야 한다. 이를 위해서는 인간이 AI와 어떻게 대화할 것인지, 그리고 AI가 인간을 어떻게 이해하고 존중할 것인지에 대한 철저한 고민이 필요하다.

이 책에서는 AI와 MBTI를 결합한 인간의 새로운 대화 방식에 대해 탐구한다. 단순한 명령과 응답을 넘어, 인간과 AI가 어떻게 협력하고, 신뢰를 형성하며, 함께 발전할 수 있는지를 다룬다. AI는 단순한 기계가 아니라 인간과 함께 학습하고 성장하는 존재가 될 수 있다. 이를 위해 우리는 AI와의 대화를 다시 정의해야 하며, 보다 깊이 있고 의미 있는 방식으로 소통할 수 있도록 준비해야 한다.

이제 우리는 AI와 단순한 명령어를 주고받는 단계를 넘어서, MBTI에서 제시하는 인간의 개별성과 고유성을 바탕으로 새로운 방식의 대화를 시도해야 한다. 인간과 AI가 상호 작용하며 공진화하는 시대, 우리는 AI와 어떻게 소통할 것인가? 이 책이 그 해답을 찾는 여정에 작은 길잡이가 되기를 바란다.

참고문헌

Asahiah, A. O., et al.(2024). Harmonizing team dynamics and

personality strengths in effectively managing a large educational STEM program. In 2024 ASEE Annual Conference.

Galvez, V. & Hanono, E.(2024). What does it mean to measure mind perception toward robots? A critical review of the main self-report instruments. *International Journal of Social Robotics*, 16(3), pp.501-511.

Salles, A., et al.(2020). Anthropomorphism in AI. *AJOB neuroscience*, 11(2), pp.88-95.

01
인공지능과 MBTI의 만남

인공지능은 우리의 일상에서 점점 더 중요한 역할을 차지하고 있다. 스마트폰에서의 음성 인식부터, 자동차의 자율 주행, 고객 서비스의 챗봇까지, AI는 인간의 행동을 예측하고, 사람들의 필요에 맞춘 서비스를 제공한다. 그렇다면, 성격 분석의 대표적인 도구인 MBTI와 AI가 만난다면 어떻게 될까? 이는 단순히 흥미로운 아이디어에 그치지 않는다. 두 기술의 융합은 인간을 더 깊이 이해하고, 더 나은 상호 작용을 이끌어 낼 수 있는 강력한 가능성을 제시한다.

AI와 1인 창업?

MBTI는 사람을 이해하는 창이 될 수 있다

사람을 이해하는 일은 쉽지 않다. 같은 상황에서도 사람마다 반응이 다르고, 서로 다른 가치관과 성격을 가지고 있기 때문이다. 어떤 사람은 신중하게 생각한 후에 결정을 내리는 반면, 어떤 사람은 직관적으로 빠르게 판단한다. 어떤 사람은 감정을 중요하게 여기고, 어떤 사람은 논리적 근거를 우선한다. 이러한 차이를 이해하지 못하면 갈등이 생기기 쉽고, 관계 형성이 어려워질 수도 있다. MBTI는 이러한 인간의 다양성을 이해하는 데 도움이 되는 강력한 도구가 될 수 있다.

MBTI는 자기 자신뿐만 아니라 타인을 이해하는 데도 유용한 도구가 된다. 우리는 종종 상대방의 행동을 자신의 기준으로 판단하려는 경향이 있다. 하지만 MBTI를 활용하면, 상대방의 성격과 가치관이 다를 수 있음을 인식하고 열린 마음으로 소통할 수 있다. MBTI는 4가지 차원 – 외향(E)과 내향(I), 감각(S)과 직관(N), 사고(T)와 감정(F), 판단(J)과 인식(P) – 을 기준으로 사람들을 16가지 성격 유형으로 구분한다. 예를 들어, 외향적(E)인 사람은 사람들과의 상호 작용을 즐기고, 내향적(I)인 사람은 혼자 있는 시간을 통해 에너지를 충전한다(김정택 · 심혜숙, 2013). 또한 MBTI는 의사소통 스타일의 차이를 이해하는 데도 도움을 준다. 외향형(E)은 즉각적인 피드백과 토론을 좋아하지만, 내향형(I)은 깊이 생각한 후 의견을 내는 것을 선호한다. 따라서 회의에서 외향형이 적극적으로 발언하고, 내향형이 조용히 있는 상황을 이해하고 조율할 수 있다면, 보다 효과적인 팀워크를 이끌어 낼 수 있다.

사고형(T)은 논리적이고 객관적인 결정을 중요하게 여기지만, 감정형(F)은 인간관계를 고려한 결정을 내리는 경우가 많다. 따라서 사고형 상사는 감정형 직원이 감성적으로 반응하는 모습을 이해하기 어려울 수 있다. 반대로, 감정형 직원은 사고형 상사가 지나치게 차갑게 느껴질 수도 있다(김정택 · 심혜숙, 2013). 하지만 MBTI를 알고 있다면, 서로의 차이를 존중하면서 더 원활한 협력 관계를 형성할 수 있다.

그리고 감각형(S)인 사람은 실제의 경험을 중시하며, 정확하고 철저히 일하는 것을 선호한다. 직관형(N)인 사람은 자신의 느낌이나 감에 의존하며 가능성과 의미를 추구하며 신속하고 비약적으로 일 처리하는 것을 선호한다(김정택 · 심혜숙, 2013). 이처럼 MBTI는 사람의 성격을 간단하고 명확하게 분류할 수 있는 강력한 도구다.

하지만 성격은 단순히 유형에만 그치지 않는다. 성격

은 복잡하고 다층적인 요소로 구성되어 있으며, 시간에 따라 변할 수도 있다. 그럼에도 불구하고 MBTI는 많은 사람이 자신을 이해하고, 타인과의 관계를 개선하는 데 도움을 주는 중요한 기준이 된다. 즉, 성격 유형을 통해 사람들은 자신과 타인을 더 깊이 이해할 수 있다는 것이다. 예를 들어, 어떤 사람이 모임에서 말이 적고 조용하다면, 이를 단순히 '소극적이다'라고 판단하는 대신, 그 사람이 내향형일 가능성을 고려할 수 있다. 반대로 누군가가 빠르게 결정을 내린다고 해서 성급하다고 단정 짓기보다는 그 사람이 직관적 사고를 바탕으로 즉각적인 판단을 하는 유형이라고 이해할 수 있다.

MBTI는 사람을 단순히 16가지 유형으로 나누는 도구가 아니다. 그것은 사람의 다양성을 이해하고, 서로를 존중하는 데 도움을 주는 '창'과 같은 역할을 한다. MBTI를 통해 우리는 나와 다른 사람의 사고방식과 행동 패턴을 이해할 수 있고, 이를 통해 더욱 성숙한 인간관계를 형성할 수 있다. 부부 관계에서 한 사람이 감각형(S)이고 다른 사람이 직관형(N)이라면, 한쪽은 현실적인 문제를 중시하고, 다른 한쪽은 장기적인 비전을 강조하는 방식으로 의견 차이가 생길 수 있다. 이때 MBTI를 활용하면 서로의 차이를 받아들이고 조율하는 방법을 찾을 수 있다.

또한 MBTI는 자녀 교육에도 유용하게 활용될 수 있다. 부모가 아이의 성격 유형을 이해하면, 그 아이에게 맞는 학습 방식과 동기 부여 방법을 찾을 수 있다. 예를 들어, 내향형(I) 아이는 혼자 집중할 수 있는 학습 환경을 선호할 가능성이 높고, 외향형(E) 아이는 그룹 활동에서 더 효과적으로 학습할 수 있다.

세상에는 정답이 하나만 존재하는 것이 아니다. 사람마다 다른 방식으로 세상을 보고, 판단하고, 행동한다. MBTI는 이러한 차이를 이해하는 데 도움을 주며, 이를 바탕으로 우리는 보다 조화롭고 풍요로운 관계를 만들어 갈 수 있다. 결국, 사람을 이해하는 과정은 자기 자신을 이해하는 것에서부터 시작하며, MBTI는 그 길을 안내하는 유용한 도구가 될 수 있다.

AI와 MBTI의 만남으로 개인 맞춤형 세상이 가능하다

이제 AI에 대해서 이야기해 보자. AI는 데이터를 분석하고, 그 데이터를 기반으로 예측을 할 수 있는 능력을 가지고 있다. 예를 들어, 우리가 웹사이트에서 쇼핑을 할 때, AI는 우리가 이전에 본 제품들을 분석하여 우리가 좋아할 만한 상품을 추천한다. 또한 AI는 사람의 감정이나 성격을 분석하고 그에 맞는 맞춤형 서비스를 제공할 수도 있다.

MBTI와 AI가 결합하면 성격에 맞는 개인화된 경험을 제공할 수 있는 새로운 세상이 열린다. 예를 들어, 외향적인 성격을 가진 사람에게는 적극적이고 활발한 상호작용을, 내향적인 성격을 가진 사람에게는 더 차분하고 조용한 환경을 제공할 수 있다. 뿐만 아니라 MBTI 성격 유형 이론에서 제공하는 다양한 성격적 특징에 따른 개별 맞춤형 서비스 제공이 가능하다. 예를 들어, 행동 지향적인 개혁가로 알려진 EN 유형에게는 새로운 관심과 도전 분야를 제공할 수 있다. 행동 지향적인 협력가로 알려진 EF 유형에게는 다른 사람들의 기쁨과 복지에 초점을 맞추어 서비스를 제공할 수 있다. 또한 사려 깊은 조화자인 IF 유형에게는 조용하고 배려가 깊다는 특성에 맞는 일관된 가치와 사람들이 느끼는 방식에 대한 관심과 흥미를 줄 수 있는 서비스를 제공할 수 있다. 이처럼 MBTI를 활용한 AI는 고객 서비스, 교육, 심리 상담 등 다양한 분야에서 활용될 수 있다.

AI는 MBTI의 성격 유형을 분석하여, 사람들이 어떤 방식으로 생각하고 행동하는지를 예측 가능하다. 예를 들어, "이 사람은 감정적인 결정을 내리는 경향이 많으니, 논리적이고 이성적인 접근보다는 감성적인 메시지가 더 효과적일 것이다"라는 식으로 예측할 것이다. 이처럼 AI는 사람의 성격에 맞춘 상호 작용을 통해, 더 나은 서비스와 소통을 이끌어 내는 유용한 도구로 활용 가능하다.

AI와 MBTI의 융합은 무한한 가능성을 열어준다

AI와 MBTI의 융합은 다양한 가능성을 품고 있다. 교육 현장에서는 학생 개개인의 성격 유형을 고려한 맞춤형 학습 전략이 설계되어, 보다 효율적이고 개인화된 교육이 실현된다. 예를 들어, 내향적인 학생에게는 혼자서 깊이 생각할 수 있는 시간을 주고, 외향적인 학생에게는 팀워크를 통해 배우는 기회를 제공하는 식이다. 기업에서는 직원들의 성격을 분석하여 그에 맞는 업무를 배정할 수 있다. 외향적인 사람은 고객과의 상호 작용이 많은 직무에서 뛰어난 성과를 낼 가능성이 높고, 내향적인 사람은 독립적인 업무에서 두각을 나타낼 수 있다.

MBTI 외에도 다른 심리학적 모델을 결합해 사람들의 성격을 더욱 정확하게 분석할 수 있다. 예를 들어, 정서 행동 분석이나 기질 분석을 통해 사람들의 감정적 반응을 예측하거나, 사람들이 스트레스를 받을 때 어떤 행동을 취하는지 알아낼 수 있다. AI는 다양한 데이터를 통합적으로 분석해 인간의 성격을 보다 정교하게 파악하고 예측하는 데 탁월한 역량을 지닌다. 이러한 기술과 MBTI의 결합은 단순한 기술적 진보를 넘어, 인간 이해의 지평을 넓히고 사람들 사이의 관계를 더욱 깊이 있게 조율할 수 있는 계기를 마련한다. 성격은 고정된 속성이 아니라 환경과 경험에 따라 유동적으로 변화하는 특성을 지니기에, AI는 이러한 변화의 흐름을 실시간으로 포착하며 개인에 최적화된 서비스를 구현하는 데 기여한다. 이로 인해 우리는 더 나은 상호 작용을 할 수 있게 되고, 각자의 성격에 맞는 최적의 방법으로 서로 소통할 방법을 배울 수도 있다.

AI와 MBTI의 융합은 우리에게 성격을 이해하는 새로운 방법을 제공할 뿐만 아니라 우리가 어떻게 서로 소통하고 협력할 수 있는지에 대한 새로운 관점을 제시한다. 이러한 만남은 단순히 인간 행동을 예측하는 데 그치지 않고 사람들 간의 더 나은 상호 작용과 이해를 돕는 중요한 도약이 될 것이다.

AI와 MBTI가 만들어 갈 미래

우리는 지금 기술의 급격한 발전과 함께 인간의 본질에 대한 이해를 더욱 깊이 추구하는 시대를 살아가고 있다. 이 두 가지 요소가 만나는 지점에서 AI와 MBTI는 우리의 미래를 흥미롭게 변화시킬 잠재력을 가지고 있다. AI와 MBTI의 결합이 가져올 미래의 모습을 상상해 보고, 그것이 우리의 일상과 사회에 미칠 영향에 대해 알아보고자 한다.

새로운 가능성의 시작

AI 기술은 빅 데이터를 분석하고 패턴을 인식하는 능력이 뛰어나다. 한편 MBTI는 개인의 성격을 16가지 유형으로 분류하여 각 유형의 특성을 설명한다. 이 두 가지가 만나면 어떤 일이 벌어질까? 우선, 초개인화된 서비스의 등장이 가능할 것이다. AI가 MBTI 유형별 특성을 학습하고, 개인의 행동 패턴을 분석하면 각 사람에게 완벽하게 맞춤화된 서비스를 제공할 수 있다. 예를 들어, ENFP 유형의 사람에게는 새로운 경험을 추천하고, ISTJ 유형의 사람에게는 체계적인 일정 관리를 도와줄 수 있다. 그리고 더 정확한 심리 상담과 치료가 가능할 수 있다. AI 상담사가 MBTI를 활용해 내담자의 성격 유형을 파악하고, 그에 맞는 상담 방식을 선택할 수 있다. 이는 더 효과적이고 개인화된 심리 치료로 이어질 수 있기 때문이다. 또한 직업 선택과 진로 지도의 혁신을 가져올 수 있다. AI가 개인의 MBTI 유형과 다양한 직업군의 특성을 매칭하여, 각자에게 가장 적합한 직업을 추천할 수 있다. 이는 진로 고민을 하는 학생들과 이직을 고려하는 직장인들에게 큰 도움이 될 것이다.

AI와 MBTI가 만드는 새로운 일상

AI와 MBTI의 결합은 우리의 일상생활에도 큰 변화를 가져올 것이다. 어떤 모습일지 상상해 보자. 우선, 스마트홈과 같은 시스템에서 진화가 올 것이다. 집 안의 AI 비서가 가족 구성원 각자의 MBTI 유형을 파악하고, 그에 맞춰 환경을 조절한다. INFP 유형의 가족에게는 조용하고 아늑한 분위기를, ESTP 유형의 가족에게는 활기찬 음악과 밝은 조명을 제공할 수 있다. 그리고 교육의 혁명을 가져올 수 있다. AI 교사가 학생 개개인의 MBTI 유형에 맞는 학습 방법을 제시한다. 예를 들어, INTJ 유형의 학생에게는 독립적인 연구 과제를, ESFJ 유형의 학생에게는 그룹 활동 중심의 학습을 권장할 수 있다. 즉, 학생 개개인별로 성격 유형에 따른 선호가 높은 방식의 교육이 가능하다. 뿐만 아니라 팀 구성을 할 때도 다양한 성격 유형을 조합해 의사소통 능력을 향상시킬 수 있다. 또한 더 나은 인간관계 형성이 가능하다. AI가 MBTI를 활용해 서로 잘 맞는 성격 유형의 사람들을 연결해 줄 수 있다. 이는 데이팅 앱에서부터 비즈니스 파트너 매칭까지 다양한 분야에 적용할 수 있다.

사회와 문화의 변화

AI와 MBTI의 결합은 개인의 삶을 넘어 사회 전반에 걸쳐 큰 영향을 미칠 것이다. 어떤 변화가 일어날까? 우선, 정치와 정책 결정에서 변화를 가져올 수도 있다. 정책 입안자들이 AI와 MBTI를 활용해 각 지역 주민들의 성격 유형 분포를 파악하고, 그에 맞는 정책을 수립할 수 있다. 이는 더 높은 주민 만족도로 이어질 수 있다. 그리고 기업 문화의 혁신을 가져올 수도 있다. 기업들이 AI와 MBTI를 활용해 직원들의 성격 유형을 분석하고, 각자에게 맞는 업무 환경과 복지 제도를 제공할 수 있다. 이는 직원 만족도와 생산성 향상으로 이어질 것이다. 예술과 엔터테인먼트에서도 진화를 가져올 수 있다. AI가 MBTI 유형별로 선호하는 예술 작품이나 엔터테인먼트 콘텐츠를 분석해 각 유형에 맞는 새로운 작품을 창작할 수 있다. 이는 문화 산업에 새로운 바람을 불어넣을 것이다.

물론 AI와 MBTI의 결합이 가져올 변화가 모두 긍정적인 것만은 아니다. 우리가 주의해야 할 점도 있다. 첫째, 개인 정보 보호의 문제다. AI가 개인의 MBTI 유형과 행동 패턴을 분석하기 위해서는 많은 개인 정보가 필요하다. 이 정보가 악용될 위험성이 있으므로, 철저한 보안 대책이 필요하다. 다음으로, 편견과 차별의 가능성이 있다. AI가 MBTI 유형에 따라 사람들을 너무 획일화해 판단할 경우, 새로운 형태의 편견과 차별이 생길 수 있다. 우리는 항상 개인의 다양성을 존중해야 한다는 것을 잊지 말아야 한다. 마지막으로 인간성 상실의 우려다. 모든 것을 AI와 MBTI에 의존하다 보면, 인간 고유의 직관과 감성을 잃어버릴 수 있다. 기술은 우리를 돕는 도구일 뿐, 인간의 판단과 결정을 완전히 대체할 수는 없다는 점을 명심해야 한다.

따라서 AI의 기술과 발전 전망을 지나치게 낙관적이거나 희망적으로만 바라보고 의존해서는 안 된다. 즉, 균형 잡힌 시각으로 미래를 준비해야 한다. AI와 MBTI의 결합은 우리에게 많은 기회와 가능성을 제공한다. 하지만 동시에 새로운 도전과 위험도 가져온다. 중요한 것은 이러한 변화를 균형 잡힌 시각으로 바라보고, 긍정적인 면은 적극 활용하되 부정적인 면은 경계하는 자세다.

우리는 AI와 MBTI가 만들어 갈 미래를 두려워할 필요는 없다. 오히려 이를 통해 자신과 타인을 더 깊이 이해하고, 더 나은 삶과 사회를 만들어 갈 수 있는 기회로 삼아야 한다. 기술의 발전과 함께 인간의 존엄성과 다양성을 존중하는 균형 잡힌 태도야말로 우리가 지향해야 할 미래의 모습일 것이다.

참고문헌

김정택 · 심혜숙(2013). 『MBTI® Form M 매뉴얼』. 어세스타.

02
AI와 인간의 성격 유형별 요구 탐색

MBTI는 4가지 선호 경향성을 바탕으로 인간의 성격을 16가지 유형으로 나누어, 각 성격 유형이 선호하는 행동 방식과 사고방식을 파악하는 데 유용한 도구다. 16가지 성격 유형에 따라 사람들의 요구와 선호도가 다르기 때문에 AI가 이를 인식하고 적절한 서비스를 제공할 수 있다면, 사용자 경험을 극대화할 수 있다.

AI와 MBTI?

오늘날 인공지능(AI)은 단순한 계산이나 문제 해결을 넘어 사람들의 성격과 심리를 분석하고 이를 기반으로 맞춤형 서비스를 제공하는 역할을 맡고 있다. MBTI는 4가지 선호 경향성을 바탕으로 인간의 성격을 16가지 유형으로 나누어, 각 성격 유형이 선호하는 행동 방식과 사고 방식을 파악하는 데 유용한 도구다. 16가지 성격 유형마다 사람들의 요구와 선호도가 다르기 때문에 AI가 이를 인식하고 적절한 서비스를 제공할 수 있다면, 사용자 경험을 극대화할 수 있다(Shanmukha, et al., 2024).

MBTI 성격 유형은 에너지 방향, 인식 기능, 판단 기능, 생활 양식의 4가지 선호 지표를 제시한다. 우선 MBTI에서 외향형(E)과 내향형(I)은 사람들의 에너지가 어디로 향하는가에 따라 중요한 차이가 나타난다. 외향형인 사람은 에너지가 외부로 향하며, 주로 다른 사람들과의 상호 작용에서 에너지를 얻는다. 반면 내향형인 사람은 에너지가 내부로 향하며, 사고나 감정을 내면에 보유하고자 하는 경향이 있으며, 혼자 있는 시간을 통해 에너지를 충전한다. AI는 이러한 차이를 인식하고, 각 성격 유형에 맞춰 맞춤형 서비스를 제공할 수 있다.

예를 들어, 외향적인 성격의 사용자는 다채롭고 활동적인 콘텐츠를 선호할 가능성이 크다. AI는 외향적인 성격을 가진 사람에게는 소셜 미디어나 대화형 플랫폼을 통한 인터랙티브한 경험을 추천할 수 있다. 반면 내향적인 사람에게는 조용하고 개인적인 환경을 제공하는 서비스를 제공할 수 있다. 예를 들어, 내향적인 성격의 사람은 맞춤형 독서 리스트나 간편한 인터페이스의 앱을 선호할 수 있나. AI는 이를 파악하고, 사용자가 선호하는 방식으로 콘텐츠를 제시할 수 있다.

다음으로, MBTI에서 직관형(N)과 감각형(S)은 정보처리 방식에서 차이가 있다. 직관형 사람은 큰 그림을 보고 미래를 예측하는 경향이 있으며, 감각형 사람은 현재의 사실과 세부 사항을 중시한다. AI는 이 차이를 반영해 각 성격 유형에 맞는 정보를 제공할 수 있다.

예를 들어, 직관형인 사람은 추상적이고 창의적인 아이디어를 좋아한다. 따라서 AI는 직관형 사용자를 위해 창의적인 콘텐츠나 혁신적인 아이디어를 제시할 수 있다. 감각형인 사람은 더 구체적이고 실용적인 정보를 선호한다. 따라서 AI는 감각형 사용자에게는 실용적이고 세부적인 정보를 제공하거나, 현재와 관련된 사실을 중심으로 서비스를 제공할 수 있다.

다음으로, 사고형(T)과 감정형(F)은 판단하고 결정을 내릴 때의 기준에서 차이를 보인다. 사고형 사람은 논리적이고 분석적인 접근을 선호하며, 감정형 사람은 사람의 감정과 관계를 중요시한다. AI는 이러한 성격적 차이를 이해하고, 각 성격 유형에 맞는 의사 결정을 지원할 수 있다.

사고형 사용자는 데이터와 사실에 기반한 정보를 선호하는 경향이 강하다. 이에 따라 AI는 이러한 사용자에게 더욱 정밀한 데이터 분석과 논리적 근거에 기반한 서비스를 제공하는 방향으로 설계될 수 있다. 특히 투자나 금융 분야에서는 사고형 사용자가 숫자, 통계, 그래프와 같은 객관적 정보를 중시하며, 이러한 요소가 의사 결정의 핵심 자료로 활용된다. 반면, 감정형 사용자는 사람들 간의 관계, 정서적 반응, 상황의 맥락 등을 고려해 결정을 내리는 경향이 있다. 이들을 위한 AI 서비스는 감성적 언어, 관계 중심의 상황 제시, 공감적 조언 등의 방식으로 인간적인 연결감을 강화하는 방향으로 개발될 필요가 있다.

마지막으로, 판단형(J)과 인식형(P)은 일을 처리하는 방식에서 차이를 보인다. 판단형인 사람은 계획적이고 체계적인 방식을 선호하며, 인식형인 사람은 유연하고 즉흥적인 방식을 선호한다. AI는 이러한 성격 유형의 차이를 인식하고, 사용자가 선호하는 방식에 맞춰 서비스를 제공할 수 있다.

판단형인 사람은 일정을 계획하고 미리 준비하는 것을 좋아한다. 따라서 AI는 판단형 사용자를 위해 계획적인 일정 관리 도구나 체계적인 피드백을 제공할 수 있다. 반면, 인식형인 사람은 즉흥적이고 자유로운 방식으로 일을 처리하는 경향이 있다. AI는 인식형 사용자를 위해 유연하고 자유로운 방식의 서비스를 제공할 수 있다. 예를 들어, 일정 관리나 작업을 진행할 때 더 유연한 옵션을 제공하거나, 창의적인 접근 방식을 제시하는 방식으로 대응할 수 있다.

이상과 같이 4가지 선호 지표만으로도 사용자의 성격 유형에 따른 선호 특성을 파악해 맞춤형 서비스를 제공할 수 있다(최경숙, 2024). 그런데 MBTI는 아래의 도식처럼 4가지 지표를 조합하여 다시 16개의 성격 유형으로 구분한다. 즉, 성격 유형에 따라 사람들의 요구와 선호를 보다 세부적으로 예측하여 맞춤형 서비스의 제공이 가능하다는 것이다. 다음은 16가지 성격 유형에 대한 사람들의 요구를 바탕으로 AI가 제공할 수 있는 서비스의 일부를 예로 든 것이다.

ISTJ(세상의 소금인 원칙가)

ISTJ는 책임감과 신뢰를 중요시하며, 체계적이고 실용적인 서비스를 선호한다. 이들은 명확한 규칙과 구조를 선호하며, 효율적이고 신뢰할 수 있는 방식으로 일을 수행한다. ISTJ는 전통과 관습을 중시하고, 논리적이고 현실적인 결정을 내리는 데 강점을 보인다. AI는 이들에게 업무 관리 도구나 일정 계획 앱을 제공해 업무를 정리하고, 과거로부터 축적되고 검증된 실질적인 데이터를 바탕으로 결정을 내릴 수 있도록 도울 수 있다. 가령 복잡한 절차나 규정을 간단하게 정리해 제공하거나, 투자나 재정 관리에서 구체적인 데이터 기반의 제안을 할 수 있다. 또한 구체적이고 실용적인 문제 해결책을 제공하기 위해 문제 해결 지원 AI 서비스 등을 제공할 수도 있다.

ISTP(만능 재주꾼 기술자)

ISTP는 실용적이고 논리적인 사고를 기반으로 문제 해결과 모험을 즐기는 성격 유형이다. 이들은 대개 분석적이고, 손으로 무언가를 만들거나 수리하는 데 강하며, 독립적으로 행동하는 것을 선호한다. AI는 ISTP의 성격적 특성에 맞춘 맞춤형 서비스를 제공할 수 있다. 예를 들어 3D 프린터, 공작 도구, 전자 키트 등을 활용한 제작 프로젝트를 계획하고 실행하는 과정을 AI가 지원하는 플랫폼을 통해 효율적으로 결과물을 완성하게 돕는다. 그리고 AI는 사용자의 아이디어를 설계 도면으로 전환해 주고, 필요한 부품 리스트와 제작 순서를 안내하며, 실시간 피드백을 제공할 것이다.

ISFJ(세심한 수호자)

ISFJ는 '세심한 수호자'라는 별명으로 알려져 있으며, 신뢰할 수 있고 헌신적인 성격을 가진 사람들이다. 이들은 강한 책임감과 타인을 돕고자 하는 마음으로 주변 사람들에게 안정감을 제공한다. ISFJ는 과거 경험을 통해 배우며, 전통과 규칙을 존중하고, 조화로운 관계를 유지하려 노력한다. AI는 개인화된 추천 서비스, 예를 들어 가족과 친구를 위한 선물 추천, 혹은 봉사 활동 정보를 제공해 ISFJ들의 가치를 효율적으로 지원할 수 있다. 또한 사용자의 정서 상태를 분석하고 맞춤형 위로와 격려를 제공하는 감정 케어 서비스, 중요한 기념일이나 약속 등을 관리하고, 관계를 돈독히 하도록 도와주는 관계 관리 도우미 서비스 등을 제공할 수 있다.

ISFP(호기심 많은 예술가)

ISFP는 감각적이고 예술적이며 조화를 중시하는 성격 유형으로, 조용하면서도 강한 내적 열정을 가진 '호기심 많은 예술가'로 알려져 있다. AI는 이들에게 영감을 주거나 기술적인 도움을 제공하여 창작 과정을 도울 수 있다. 또한 음악 플레이리스트를 개인감정 상태에 맞춰 생성하거나 새로운 환경을 탐구하며 감각적인 즐거움 찾을 수 있도록 지역 예술 축제와 전시회 정보, 자연과 조화를 이루는 여행지를 추천할 수도 있고, 일기를 기록하도록 유도하고, 감정 데이터를 기반으로 긍정적인 변화 방향을 제안할 수 있다.

INTJ(불변의 진리를 찾는 연구자)

INTJ는 내면의 직관을 활용해 본질적인 진리를 탐구하며, 세상에서 일어나는 사건들 간의 숨겨진 패턴을 발견하려고 한다. 뿐만 아니라 INTJ는 복잡한 문제를 해결하고 장기적인 목표를 달성하기 위해 치밀한 계획을 세우는 데 탁월하다. 이들은 항상 큰 그림을 보고 미래를 예측하려는 경향이 있다. AI는 이들에게 전략적 목표 설정 도구나 복잡한 데이터를 시각적으로 분석하는 프로그램을 제공해 효율적인 계획을 세울 수 있도록 도울 수 있다. 그리고 효율성을 추구하는 INTJ를 위해 다양한 전략 시뮬레이션을 통해 선택지의 장단점을 비교하고 최적의 결정을 내릴 수 있도록 돕는 기능을 제공할 수 있다.

INTP(논리적인 사색가)

INTP는 모든 것의 근본적인 원리와 진리를 찾으려는 강한 호기심을 가지고 있다. 세상에서 일어나는 일들을 논리적으로 이해하려고 노력하며, 질문과 의문을 끊임없이 던진다. 예를 들어, "왜 하늘은 파랗지?" 같은 질문에서 시작해 물리학, 대기 과학, 빛의 산란 현상까지 탐구를 확장할 수 있다. 이러한 선호 경향성에 맞추어 다양한 주제의 논문, 연구 자료, 강의 콘텐츠를 추천하고, 개인의 관심 분야에 맞춘 큐레이션 서비스와 같은 지식 탐구 플랫폼을 제공할 수 있다. INTP는 머릿속에서 끊임없이 새로운 아이디어를 생성한다. INTP는 추상적이고 독창적인 아이디어를 떠올리는 데 강점이 있지만 이를 실행 가능한 형태로 구체화하는 데 어려움을 겪을 수 있다. AI는 아이디어를 체계적으로 정리하고, 실행 계획을 설계하는 데 도움을 줄 수 있다.

INFJ(통찰력 있는 조언자)

INFJ는 깊이 있는 통찰력과 의미를 찾는 데 집중하며, 티 내지 않고 다른 사람을 돕는 것을 잘한다. 이들은 직관적 사고와 감정적 공감을 바탕으로 타인과 세상을 변화시키는 데 열정을 보인다. 내향적이지만 사람들과의 의미 있는 연결을 추구하며, 창의적이고 목표 지향적인 성격을 가진다. AI는 이들에게 명상 앱, 심리 분석 도구, 혹은 개인의 삶의 방향을 탐구하고 조언할 수 있는 콘텐츠를 제공할 수 있다. AI 기반의 심리 상담 서비스나 INFJ가 공감 능력을 발휘할 수 있는 자원봉사 활동, 사회적 변화를 위한 프로젝트나 지역 사회에서 의미 있는 역할을 할 수 있는 커뮤니티 연결 서비스 등을 제공할 수도 있다. 그리고 INFJ가 자신의 아이디어를 시각화하고 구체화할 수 있도록 돕는 스토리보드 생성 서비스를 제공할 수 있다.

INFP(열정적인 중재자)

INFP는 내면의 가치를 중요시하며, 감정적으로 공감하는 서비스를 선호한다. 이들은 세상을 더 나은 곳으로 만들고자 하는 깊은 열망을 가지고 있으며, 자신의 감정과 타인의 감정을 깊이 이해하는 능력이 뛰어나다. 종종 창의적인 방식으로 자신의 이상을 표현하며, 예술적이거나 문학적인 활동에서 뛰어난 능력을 발휘한다고 알려져 있다. AI는 이들에게 창작 활동을 돕는 도구, 예를 들어 글쓰기 보조 AI, 디지털 아트 생성 도구, 시각적 스토리텔링 도구 등을 제공할 수 있다. 반면, 실용적이고 현실적인 문제에 적응하는 데 어려움을 겪을 가능성이 높으므로 장기적인 비전을 단계적으로 실행할 수 있도록 도와주는 AI 코칭이나 개인화된 목표 관리 프로그램 등을 제공할 수 있다.

ESTJ(효율적인 관리자)

ESTJ는 '효율적인 관리자'로 불리며, 실용적이고 체계적인 성격을 가진 사람들이다. 이들은 조직을 구조화하고 규칙과 예절을 따르는 것을 중요시하며, 목표 달성을 위해 계획적으로 행동한다. 명확한 기준과 목표가 설정된 환경에서 강점을 발휘하며, 리더십을 통해 사람들을 이끌고 효율적으로 작업을 수행하는 능력을 가지고 있다. AI는 이들에게 프로젝트 관리 소프트웨어, 리더십 개발 자료, 혹은 효율성을 높이는 워크 플로를 제공할 수 있다. 예를 들어, ESTJ의 업무 패턴을 분석해 중요한 마감일, 회의 목표를 체계적으로 관리하고 자동 알림과 같이 최적화된 작업 방식을 제공할 수 있다. 또한 비즈니스 시뮬레이션을 통해 다양한 시나리오를 예측하고 최적의 선택지를 제안하는 논리적이고 데이터 기반의 의사 결정 지원 AI 서비스 등을 제공할 수 있다.

ESTP(모험을 즐기는 활동가)

ESTP는 에너지가 넘치고 현실 중심적인 성격을 가진 사람들이다. 이들은 활동적이고 즉각적인 반응을 선호하며, 새로운 경험과 도전을 즐기는 것으로 알려져 있다. 행동 지향적이며, 문제 해결 능력이 뛰어나고 대인관계에서도 자신감을 보이는 유형이다. AI는 ESTP의 특성을 반영해 이들의 모험적이고 현실 중심적인 성향을 지원하고, 역동적인 삶을 더욱 풍요롭게 만들 수 있는 방향으로 설계될 수 있다. 예를 들어, 여행 계획을 최소화하고도 즐길 수 있는 즉흥 여행 일정 생성, ESTP의 사교적 성격을 강화하는 AI 기반 네트워킹 및 관계 관리 서비스, 위기 상황에서 판단력을 강화할 수 있는 시뮬레이션 서비스 등을 제공할 수 있다.

ESFJ(사교적인 외교관)

ESFJ는 관계 중심적이며, 타인의 감정을 중시한다. 즉,

사람들을 돌보고 사회적 조화를 이루는 데 중점을 두는 경향이 높다. 이들은 사교적이고 책임감이 강하며, 전통과 규칙을 중요하게 여긴다. 다른 사람들에게 기쁨과 도움을 주는 것을 좋아하며, 감정적으로 민감하고 배려심이 많은 특징이 있다. AI는 이들에게 사회적 이벤트 추천, 가족 및 친구와의 상호 작용을 촉진하는 도구, 혹은 커뮤니티 중심의 플랫폼을 제공할 수 있다. 예를 들어, 가족과 친구들의 생일, 기념일을 추적하고 선물 아이디어를 추천하는 AI 기반의 기념일 리마인더, 관계의 강점과 개선점을 파악하고 대화 팁을 제공하는 등의 서비스를 제공할 수 있다. 또한 ESFJ의 높은 감정 민감성을 고려해 갈등 상황에서의 대응 방법과 감정 조절 전략을 알려 주는 AI 기반 정서 코치 등의 서비스를 제공할 수 있다.

ESFP(자유로운 영혼의 사교가)

ESFP는 '자유로운 영혼의 사교가'로 불리며, 활발하고 매력적인 성격으로 주변 사람들에게 즐거움을 주는 것을 선호한다. 순간의 즐거움과 경험을 소중히 여기며, 자유로운 사고와 감각적 자극을 선호한다. 그들의 에너지는 사람들을 끌어들이고, 유머와 공감으로 사회적 환경을 밝게 만든다. AI는 사용자의 일상과 정서 등의 패턴을 추적해 현재 위치와 시간에 맞는 여행지나 활동에 관한 정보 서비스를 제공할 수 있다. 그리고 자기 계발 과정에서 흥미를 잃지 않고 동기를 부여하도록 게임화된 형식으로 새로운 기술이나 언어를 배울 수 있는 프로그램을 제공하고, ESFP의 즉흥적인 아이디어를 구체적인 목표나 결과물로 전환해 주는 서비스 등을 제공할 수 있다.

ENTJ(대담한 지도자)

ENTJ는 '대담한 지도자'로 불리며, 강력한 리더십과 계획 능력을 바탕으로 목표를 달성하는 데 탁월한 능력을 보인다. 이들은 효율성을 중시하며, 도전적인 환경에서 역량을 발휘한다. 큰 그림을 보는 통찰력과 결단력 있는 행동으로 주변을 이끄는 데 자연스러운 재능을 가진 유형이다. ENTJ는 목표 지향적이고 생산성을 중시하는 특성에 맞춰, 개인과 조직의 효율성을 극대화할 수 있는 서비스를 선호한다. 따라서 이들의 리더십과 전략적 사고를 강화하는 데 중점을 둔 AI 서비스가 효과적이다. 예를 들어, 다양한 시나리오를 분석해 미래의 결과를 예측해 주는 데이터 시뮬레이션 도구나 프로젝트의 잠재적 위험을 식별하고 대응 전략을 제안하는 서비스 등을 제공할 수 있다. 또한 프로젝트에 적합한 팀원을 추천하고, 팀 구성원을 효과적으로 배치하는 팀원 매칭 시스템이나, 팀원 간의 효율적인 소통을 위한 피드백과 의사소통 전략을 제안해 줄 수도 있다.

ENTP(호기심 많은 혁신가)

ENTP는 '호기심 많은 혁신가'로 불리며, 창의적이고 도전적인 아이디어를 즐기는 유형이다. 이들은 끊임없이 새로운 가능성을 탐구하며, 문제 해결과 혁신적인 접근법에 강한 흥미를 느낀다. 빠른 사고와 유머 감각을 갖춘 ENTP는 토론과 지적 자극을 통해 에너지를 얻는다. ENTP는 지적 호기심과 창의성을 자극할 수 있는 서비스, 그리고 다양한 가능성을 탐구할 수 있는 도구를 선호한다. 따라서 AI는 이들의 다재다능한 특성을 활용하고, 더 나은 아이디어를 발전시킬 수 있는 환경을 제공할 수 있다. 예를 들어, AI는 ENTP가 제시한 키워드를 바탕으로 새로운 아이디어를 제안하고 발전시킬 수 있고, 다양한 관점을 가진 가상의 상대와 토론을 진행해 아이디어를 발전시킬 수 있는 환경을 제공할 수도 있다. 뿐만 아니라 ENTP가 생각한 아이디어를 빠르게 실험하고 결과를 확인할 수 있는 결과 분석 도구 등을 제공할 수 있다.

ENFJ(정의로운 연설가)

ENFJ는 '정의로운 연설가'라는 별명으로 불리며, 타인을 이끄는 데 탁월한 능력을 가진 유형이다. 이들은 사람들의 잠재력을 끌어내고, 조화를 이루며 집단의 성장을 도모하는 데 큰 가치를 둔다. 감정적으로 민감하면서도 목표 지향적이고 체계적인 사고를 가진 ENFJ는 주로 교육, 상담, 리더십 역할에서 두각을 나타낸다. ENFJ는 타인과의 관계에서 영감을 얻고, 자신의 비전과 가치를 실현하는 데 중점을 둔다. 따라서 AI는 이들의 사회적, 정서적, 그리고 조직적 요구를 충족하는 다양한 서비스를 제공할 수 있다. 예를 들어, 상대방과의 대화 내용을 분석해 감정적 단서를 제공하는 감정 분석 기능을 제공할 수 있다. 또는 사용자의 스트레스 수준을 분석해 맞춤형 개인 서비스를 제공할 수도 있고, ENFJ의 성장 욕구와 타인에 대한 교육적 역할을 지원하기 위한 가상 멘토링 서비스를 제공할 수도 있다.

ENFP(열정적인 탐험가)

ENFP는 '열정적인 탐험가'라는 별명으로 불리며, 창의

성과 열정이 넘치는 성격 유형이다. 이들은 삶의 다양한 가능성을 탐구하고, 새로운 아이디어와 경험을 통해 영감을 얻는 데 큰 즐거움을 느낀다. 사람들과의 관계를 중시하며, 다른 사람들에게 동기를 부여하고 긍정적인 에너지를 전달하는 능력이 뛰어나다고 알려져 있다. ENFP는 자유롭고 창의적인 환경에서 성장하며, 인간관계와 새로운 아이디어를 통해 동기를 얻는다. AI는 ENFP의 독특한 특성과 선호를 반영한 맞춤형 서비스를 통해 이들의 삶을 더욱 풍요롭게 만들 수 있다. 예를 들어, ENFP의 산만함을 보완하고 목표에 집중할 수 있도록 목표를 시각화하고, 진행 상황을 추적하는 서비스를 제공할 수 있다. 다양한 흥미를 가진 특성에 맞게 여러 프로젝트를 동시에 관리할 수 있도록 도울 수도 있고, ENFP의 관심사에 맞는 새로운 지식과 기술을 제공할 수도 있다.

이처럼 AI는 MBTI를 활용해 개인의 성격을 분석하고 맞춤형 경험을 제공할 수 있다. 이는 단순히 개인의 선호를 충족하는 데 그치지 않고 숨겨진 강점을 발견하고 이를 개발하여 개인의 성장을 돕는 데까지 확장될 수 있다.

참고문헌

김정택 · 심혜숙(2013). 『MBTI® Form M 매뉴얼』. 어세스타.

최경숙(2024.6.12). MBTI를 바라보는 인공지능의 관점. ≪충청타임즈≫, https://www.cctimes.kr/news/articleView.html?idxno=801133&utm_source=chatgpt.com

Shanmukha, A. G., et al.(2024.5). Advancing personality detection through word embedments and deep learning: An examination using the MBTI dataset. In 2024 IEEE Recent Advances in Intelligent Computational Systems(RAICS)(pp.1-6). IEEE.

03
AI 설계에서 성격 유형의 역할

AI 설계자의 성격 유형은 문제 해결 방식, 시스템 설계 방식, 그리고 궁극적으로 AI의 윤리적 방향성까지 영향을 미칠 수 있다. 그렇다면 AI 설계자들의 MBTI 성격 유형이 AI 설계에 어떤 방식으로 작용하는지 살펴볼 필요가 있다.

AI와 난임 극복?

AI는 인간의 사고방식을 모방하고, 데이터를 분석하며, 문제를 해결하는 도구로 발전해 왔다. 이러한 발전과 더불어 AI를 설계하는 기술자들의 개성과 성격이 AI 설계 과정에 어떤 영향을 미칠 수 있을지에 대한 관심도 높아지고 있다. MBTI 성격 유형 검사를 통해 기술자의 성향을 이해하고 이를 설계 과정에 반영한다면, 더욱 창의적이고 다채로운 AI가 탄생할 가능성이 크다(Park & Woo, 2022). 하지만 AI를 설계하는 사람들의 성향과 가치관이 AI의 성격과 방향성을 결정짓는다는 점은 간과되기 쉽다. 특히 AI 설계자의 성격 유형은 문제 해결 방식, 시스템 설계 방식, 그리고 궁극적으로 AI의 윤리적 방향성까지 영향을 미칠 수 있다. 그렇다면 AI 설계자들의 MBTI 성격 유형이 AI 설계에 어떤 방식으로 작용하는지 살펴볼 필요가 있다.

분석적 사고의 대명사: INTJ와 INTP

INTJ 기술자들은 전략적 사고와 계획 수립에 능하다. 이들은 AI 설계에서 장기적인 목표를 설정하고, 그 목표를 달성하기 위한 체계적인 방법을 고안하는 데 뛰어나다. 예를 들어, 사회 문제를 해결하기 위한 AI 모델을 설계할 때, INTJ는 데이터 분석부터 알고리즘 설계까지 철저하게 계획을 세워 프로젝트를 진행할 것이다.

한편 INTP 기술자들은 호기심과 논리적 사고로 유명하다. 이들은 "왜?"라는 질문을 끊임없이 던지며 새로운 가능성을 탐구한다. INTP는 AI 설계 과정에서 독창적인 아이디어를 제안하고, 기존의 한계를 뛰어넘는 혁신적인 알고리즘을 개발할 수 있다. 만약 INTP가 자율 주행 AI를 설계한다면, 단순히 안전한 주행을 넘어서 최적의 경로를 예측하고 주변 환경과 상호 작용하는 시스템을 구현하려 할 것이다.

사람 중심의 설계자: INFJ/ENFJ와 ISFJ/ESFJ

INFJ 기술자들은 설계 초기 단계에서부터 사용자의 정서, 가치, 경험을 우선적으로 고려하며, 기술이 인간의 삶에 어떤 영향을 미칠지를 먼저 고민한다. 이들은 종종 사회적 약자나 소외된 사람들을 위한 기술 개발에 관심을 가지며, 지속 가능성과 윤리적 책임을 설계의 핵심 원칙으로 삼는다. 예컨대, 장애인을 위한 보조 기기, 고령층을 위한 직관적 인터페이스, 정신 건강을 돌보는 디지털 치료 솔루션 등에서 INFJ 기술자의 인간 중심적 접근은 빛을 발한다.

ENFJ 기술자들은 타인의 필요와 감정을 깊이 이해하는 능력이 있다. 이들은 AI가 인간의 감정을 읽고 적절히 반응할 수 있는 감성적인 인터페이스를 설계하는 데 강점이 있다. 예를 들어, ENFJ는 심리 상담용 AI를 설계하면서 사용자가 위로와 공감을 느낄 수 있도록 대화 패턴을 정교하게 다듬을 것이다.

ISFJ 기술자들은 사용자 편의 중심의 사고를 기반으로 시스템을 설계하며, 복잡한 기술이 아니라도 누구나 쉽게 사용할 수 있도록 직관적이고 친화적인 인터페이스를 만드는 데 주력한다. 예를 들어, 병원 시스템이나 교육용 소프트웨어, 노약자 및 장애인을 위한 보조 기술과 같이 세심한 배려가 요구되는 기술 개발 분야에서 이들의 진가는 더욱 드러난다.

ESFJ 기술자들은 조직적이고 책임감이 강하다. 이들은 팀워크를 통해 AI 설계의 효율성을 높이며, 사용자 친화적인 AI를 만드는 데 집중한다. 예를 들어, ESFJ는 노인들이 쉽게 사용할 수 있는 간단하고 직관적인 스마트홈 시스템을 설계할 수 있다. 이들은 AI의 복잡한 기능을 단순화해 기술에 익숙하지 않은 사용자도 쉽게 접근할 수 있도록 한다.

현실적인 문제 해결사: ISTJ와 ESTJ

ISTJ 기술자들은 실용적이고 꼼꼼한 성격으로, AI 설계의 세부적인 부분까지 완벽하게 관리한다. 이들은 안정성과 신뢰성을 중시하기 때문에, 금융 거래를 처리하거나 보안 시스템을 강화하는 AI를 설계하는 데 적합하다. ISTJ는 규정을 준수하며 AI가 예상치 못한 오류를 최소화하도록 보장할 것이다.

ESTJ 기술자들은 강한 리더십과 조직 관리 능력을 바탕으로 대규모 AI 프로젝트를 성공적으로 이끌 수 있다. 이들은 목표 지향적이며, 제한된 시간 안에 최상의 결과를 내기 위해 팀을 효과적으로 조직하고 자원을 배분한다. 예를 들어, ESTJ는 도시 교통 문제를 해결하기 위한 스마트 교통 AI 시스템을 설계할 때 탁월한 기획력을 발휘할 것이다.

창의적인 혁신가: ENFP와 ENTP

ENFP 기술자들은 창의적이고 열정적인 성격으로, 새로운 가능성을 탐구하는 데 능하다. 이들은 AI가 인간의 상상력을 자극하는 도구로 활용될 수 있도록 설계할 것이다. 예를 들어, ENFP는 예술 창작을 돕는 AI를 설계해 음악, 그림, 문학 등의 창작 과정을 지원할 수 있다.

ENTP 기술자들은 논쟁과 토론을 즐기며, 기존의 틀을 깨는 혁신적인 아이디어를 제시한다. 이들은 AI 설계에서 전혀 새로운 접근 방식을 시도하며, 기존 기술의 한계를 뛰어넘으려 한다. 예를 들어, ENTP는 사람들과의 상호 작용 방식을 혁신적으로 변화시킬 수 있는 AI 기반 소셜 플랫폼을 개발할 수 있다.

이상과 같이, MBTI는 기술자들의 강점과 약점을 이해하고, 이를 바탕으로 팀 내 역할을 분배하거나 설계 방향을 설정하는 데 유용한 도구가 될 수 있다(김정민 외, 2022). AI 개발은 단순히 기술적 문제를 해결하는 것이 아니라 인간과 기술이 공존하는 방식을 설계하는 과정이다. 따라서 다양한 성격 유형이 균형을 이루는 개발 팀 구성이 중요하다. 다양한 성격 유형의 기술자들이 협력하면 AI는 더욱 창의적이고 인간 중심적인 방향으로 발전할 것이다. 이는 단순히 기술적 발전에 그치지 않고, AI가 인간의 삶에 긍정적인 영향을 미칠 수 있는 가능성을 확장하는 계기가 될 것이다. 또한 MBTI를 기반으로 한 AI 설계는 기술자와 사용자 모두에게 흥미로운 가능성을 열어 준다. 기술자의 성격 유형이 설계 과정에서 발휘되는 방식과 이를 통해 탄생하는 AI의 모습은 앞으로도 우리 사회에 많은 영감을 줄 것이다.

그러나 AI와 MBTI의 만남이 언제나 긍정적이고 이상적인 미래가 되는 것은 아니다. AI 설계 과정에서는 성격 유형의 다양성 외에도 윤리적 책임이 중요하다. AI가 편견 없이 공정하게 작동하도록 데이터를 검토하고, 개인정보 보호를 철저히 보장하며, 사용자의 신뢰를 얻는 투명성을 유지해야 한다. 기술자들이 이러한 원칙을 준수하며 설계에 임할 때, AI는 인간의 삶을 더 풍요롭게 하는 도구로 자리 잡을 수 있을 것이다.

결국, AI 설계에서 성격 유형은 단순한 개인의 특성을 넘어 AI 기술이 지향하는 방향과 사회적 영향을 결정하는 중요한 요소가 된다. 미래의 인공지능은 특정 성격 유형의 개발자들만이 아니라, 다양한 사고방식과 가치를 반영할 수 있도록 균형 있게 설계되어야 한다. AI 설계자의 MBTI 성격 유형을 이해하고 이를 활용하는 것은 더욱 인간 친화적이고 윤리적인 AI를 개발하는 데 중요한 열쇠가 될 것이다.

참고문헌

김정민 외(2022). 딥러닝 기반의 MBTI 성격 유형 분류 연구. ≪한국통신학회 학술대회논문집≫, 1740-1741쪽.

Park, J. & Woo, S. E.(2022). Who likes artificial intelligence? Personality predictors of attitudes toward artificial intelligence. *The Journal of psychology*, 156(1), pp.68-94.

04
AI와 성격 유형의 윤리적 딜레마

AI가 인간의 성격 유형을 분석하고 활용하는 과정에서 발생할 수 있는 윤리적 문제를 탐구하고자 한다. 특히 AI가 MBTI와 같은 성격 유형을 다룰 때의 장점과 한계를 분석하고, AI가 인간의 개별성을 존중하면서도 윤리적인 방향으로 발전할 수 있는 방법을 논의한다. 우선, MBTI와 AI가 결합하면서 발생할 수 있는 윤리적 딜레마를 구체적인 사례와 함께 살펴보기로 하겠다.

AI와 사주?

AI는 현대 사회에서 점점 더 인간과 유사한 방식으로 사고하고 판단하는 역할을 맡고 있다. AI 챗봇은 인간과 대화하며 감정을 이해하려 하고, 알고리즘은 개별 소비자의 취향을 분석해 맞춤형 콘텐츠를 제공한다. 하지만 여기서 한 가지 중요한 문제가 발생한다. AI는 인간의 개별성과 고유성을 존중하는가? 특히 MBTI와 같은 성격 유형을 고려한 AI가 인간을 더 잘 이해할 수 있을까? 혹은 오히려 인간을 유형화하고 제한하는 새로운 윤리적 딜레마를 초래할까? 이와 같은 윤리적 딜레마는 데이터의 사용 방식, AI의 편향성, 그리고 개인의 자유와 선택권에 미치는 영향에서 비롯된다.

이 장에서는 AI가 인간의 성격 유형을 분석하고 활용하는 과정에서 발생할 수 있는 윤리적 문제를 탐구하고자 한다. 특히 AI가 MBTI와 같은 성격 유형을 다룰 때의 장점과 한계를 분석하고, AI가 인간의 개별성을 존중하면서도 윤리적인 방향으로 발전할 수 있는 방법을 논의한다. 우선, MBTI와 AI가 결합하면서 발생할 수 있는 윤리적 딜레마를 구체적인 사례와 함께 살펴보기로 하겠다.

채용 과정에서의 MBTI 활용

AI 기반 채용 시스템이 점점 더 보편화되고 있다. 이러한 시스템은 지원자의 MBTI 성격 유형을 분석해 특정 직무와의 적합성을 평가하기도 한다. 예를 들어, 외향적 성격 유형(Extraversion)은 영업이나 대외적인 업무에 적합하다는 고정관념 때문에 높은 평가를 받을 가능성이 크다. 반면 내향적 성격 유형(Introversion)은 대인관계 능력에서 낮은 점수를 받을 수 있다. 이는 성격 유형에 대한 편향된 해석이 AI 알고리즘에 반영된 결과로, 내향적인 지원자들이 부당한 대우를 받게 되는 문제를 야기한다. 이로 인해 개인의 역량보다 성격 유형에 대한 고정관념이 채용 결정에 더 큰 영향을 미칠 수 있다.

이러한 사례는 성격 유형에 따른 편향된 판단이 실제 채용 과정에서 차별로 이어질 수 있음을 보여 준다. AI는 지원자의 다양한 능력과 가능성을 무시한 채 성격 유형만을 근거로 판단할 위험이 있다. 따라서 AI 설계자는 채용 알고리즘이 성격 유형에 치우치지 않도록 설계하고, 지원자의 역량과 경험을 더 중요한 기준으로 삼는 방식을 개발해야 한다.

교육에서의 개인화된 학습 시스템

교육 분야에서 AI는 학생들의 MBTI 데이터를 활용해 맞춤형 학습 경험을 제공하고 있다. 예를 들어, 분석적이고 체계적인 성향을 가진 ISTJ 유형의 학생에게는 논리적인 학습 자료를, 창의적이고 즉흥적인 ENFP 유형의 학생에게는 다양한 활동 기반의 학습 자료를 추천할 수 있다. 그러나 이러한 접근은 성격 유형에 따라 학습 방법이 제한될 가능성을 내포하고 있다. 특정 유형으로 분류된 학생들이 자신의 성격에 맞지 않는 다른 학습 스타일을 경험할 기회를 박탈당할 수 있다. 이는 개인의 잠재력을 제한하는 결과로 이어질 수 있으며, 성격 유형이 학습 경험의 경계를 설정하게 되는 문제를 초래한다.

이를 방지하기 위해, AI는 학생들의 성격 유형을 참고하되 다양한 학습 스타일을 제공해 학생들이 새로운 경험을 통해 성장할 수 있도록 해야 한다. 또한 교사와 학생 간의 상호 작용을 강화해 AI의 판단이 인간의 교육적 판단을 대체하지 않도록 하는 것이 중요하다.

소비자 행동 예측과 광고 추천

AI는 소비자 행동을 예측하고 개인화된 광고를 제공하는 데 MBTI 데이터를 활용하기도 한다. 예를 들어, 감각적이고 즉흥적인 ESFP 유형의 사람에게는 화려한 비주얼과 빠른 결정을 유도하는 광고를, 논리적이고 분석적인 INTP 유형의 사람에게는 세부적인 정보를 포함한 광고를 추천할 수 있다. 이러한 방식은 소비자의 성향에 맞는 경험을 제공하는 것처럼 보이지만, 개인의 소비 습관을 지나치게 예측하고 조작하려는 시도를 포함할 수 있다. 이는 소비자가 자율적으로 선택할 권리를 침해할 뿐만 아니라 과소비나 충동구매를 조장할 위험성을 내포하고 있다.

AI는 소비자의 과거 데이터를 바탕으로 특정 소비 패턴을 강화하려 하며, 이는 개인이 새로운 선택을 시도하거나 충동적 구매를 줄이는 데 장애물이 될 수 있다. 따라서 AI 설계자는 소비자에게 다양한 선택지를 제공하고, 소비 패턴을 조작하려는 시도를 최소화해야 한다.

심리적 조작과 성격 유형의 고정관념화

AI가 성격 유형 데이터를 활용해 심리적 조작을 시도하는 경우도 있다. 예를 들어, ENFJ와 같은 외향적이고 타인을 돕는 것을 좋아하는 유형의 사람들에게는 기부를 권장하는 메시지를 지속적으로 보내는 사례를 생각해 볼 수 있다. 이는 사회적으로 긍정적인 결과를 유도하는 것처럼 보이지만, 개인의 자유로운 의사 결정을 제한하고 심리적 압박을 가할 수 있다. 더 나아가 특정 성격 유형에 대한 고정관념이 강화되면 AI는 사람들을 고정된 틀 안에 가두고, 그들의 다차원적인 특성을 간과할 위험이 있다.

이는 개인의 행동을 특정 방향으로 조작하려는 시도로 간주될 수 있으며, 성격 유형에 대한 고정관념을 강화할 위험이 있다. AI는 개인의 성격 유형을 이해하는 데 그치지 않고, 인간의 복잡한 심리와 상황을 종합적으로 고려해야 한다.

의료 및 정신 건강 분야에서의 활용

AI는 MBTI 데이터를 활용해 정신 건강 상담이나 치료를 개인화하는 데 활용될 수 있다. 예를 들어, 감정적으로 민감한 INFP 유형에게는 공감 중심의 상담 접근을, 논리적이고 문제 해결을 중시하는 ISTP 유형에게는 구조화된 전략 중심의 상담 방식을 적용하는 것이 효과적이다. 그러나 이러한 개인화된 접근은 치료의 유연성을 제한할 가능성이 있다. 성격 유형에 지나치게 의존하면 개인의 독특한 상황과 경험이 간과될 수 있으며, 치료 효과를 저하시킬 위험이 있다. 의료 데이터와 결합된 MBTI 데이터가 악용될 경우 개인의 민감한 정보가 유출되거나 잘못 사용될 가능성도 존재한다.

AI 설계와 윤리적 책임

AI 설계자들 역시 MBTI 성격 유형에 따라 서로 다른 설계 방식을 취할 수 있다. 예를 들어, INTJ와 같은 전략적인 유형의 설계자는 효율성과 장기적인 목표를 중시하는 시스템을 설계할 가능성이 크다. 반면 ENFP와 같은 창의적인 유형의 설계자는 사용자 경험을 풍부하게 만드는 데 초점을 맞출 수 있다. 이러한 다양성은 AI 설계의 장점이 될 수 있지만 성격 유형에 따라 특정 가치가 과도하게 강조되거나 간과될 위험도 존재한다. 따라서 AI 설계자는 개인의 성격적 특성과 함께 윤리적 책임을 고려해 균형 잡힌 시스템을 개발해야 한다.

위에서 제시한 사례를 살펴보면, 몇 가지 윤리적 문제를 야기할 수 있음을 알 수 있다. 첫째, AI가 성격 유형을 기반으로 개인을 특정 범주에 고정하는 것은 개인의 잠재력을 제한할 수 있다. 예를 들어, AI가 "당신은 내향적이므로 팀 리더 역할보다는 개별 작업을 선호할 것이다"라고 판단한다면, 이는 개인의 다양한 가능성을 간과하는 결과를 초래할 수 있다. 둘째, AI의 추천이 개인의 행동을 강화해 사용자가 자신의 성격 유형에 갇히게 될 위험이 있다. 이는 AI의 예측이 개인의 행동을 제한하는 방향으로 작용할 수 있음을 의미한다. 셋째, 성격 유형 정보가 AI 시스템에 의해 수집되고 분석될 때, 이러한 데이터가 부적절하게 사용될 수 있다. 예를 들어, 채용 과정에서 AI가 특정 성격 유형을 선호하거나 배제하는 방식으로 작동한다면, 이는 차별의 문제가 될 수 있다.

AI와 성격 유형의 결합은 개인화된 경험을 제공하는 데 큰 잠재력을 가지고 있지만, 동시에 윤리적 딜레마를 수반한다. 현재 우리는 데이터 편향성, 개인 정보 보호, 투명성 등의 문제에 직면해 있으며(Mittelstadt, et al., 2016), 이를 해결하기 위한 노력이 필요하다. 따라서 미래에는 인간의 개별성을 존중하는 AI 시스템을 개발하고, 윤리적 가이드라인과 교육을 통해 AI와 인간이 조화롭게 공존할 수 있는 사회를 만들어야 한다(변순용, 2023).

참고문헌

변순용(2023). 인공지능(AI)의 학습용 데이터 윤리 가이드라인에 대한 연구. 대구: KERIS(한국교육학술정보원).

Floridi, L. & Cowls, J.(2022). A unified framework of five principles for AI in society. In Silvio Carta(Ed.), *Machine learning and the city: Applications in architecture and urban design*(pp.535-545), Wiley-Blackwell.

Mittelstadt, B. D., et al.(2016). The ethics of algorithms: Mapping the debate. *Big Data & Society*, 3(2), pp.1-21.

05
MBTI 성격 유형에 따른 AI 학습의 효과

AI는 인간의 복잡한 행동과 의사 결정을 모방하고 학습하기 위해 설계된다. 그러나 대부분의 AI 시스템은 주로 데이터 기반의 패턴 인식과 연산 능력에 초점을 맞추고 있으며, 인간과 유사한 성격적 특성을 반영하는 데는 한계가 있다. 이와 같은 맥락에서 MBTI와 같은 성격 유형 이론을 AI에 이식한다면, AI가 사용자와의 상호 작용에서 보다 개인화된 접근 방식을 제공할 수 있다. MBTI를 AI 시스템에 이식하는 방법과 그 효과, 이를 통해 얻을 수 있는 학습 및 응답의 차별성을 탐구하고자 한다.

AI와 아이돌?

AI에 대한 MBTI 이식을 위한 이론적 배경

AI 시스템에 MBTI 성격 유형을 이식하는 것은 인간과 보다 자연스럽게 소통할 수 있는 AI를 만드는 데 기여할 수 있다(Cui, et al., 2023). 기존 AI는 주로 데이터 기반의 분석과 통계적 모델링을 통해 사용자 행동을 예측하지만, 이는 사용자의 심리적 특성과 개인적 차이를 충분히 반영하지 못한다. MBTI를 AI에 적용함으로써 AI는 더 인간다운 상호 작용을 제공하고, 개별 사용자에게 맞춘 맞춤형 경험을 줄 수 있다.

외향(E)와 내향(I): 상호 작용 스타일

외향형 AI: 활발한 대화, 다채로운 표현 방식, 다수 사용자와의 실시간 상호 작용 선호.

내향형 AI: 차분한 응답, 집중적인 분석, 개별 사용자와의 심도 있는 대화 선호.

감각(S)과 직관(N): 정보 처리 방식

감각형 AI: 구체적이고 실용적인 데이터를 기반으로 문제를 해결.

직관형 AI: 추상적이고 창의적인 아이디어를 바탕으로 문제에 접근.

사고(T)와 감정(F): 의사 결정 스타일

사고형 AI: 논리적이고 객관적인 기준을 중시.

감정형 AI: 감정적 연결과 공감을 기반으로 한 판단 제공.

판단(J)과 인식(P): 작업 방식

판단형 AI: 체계적이고 계획적인 학습 방식 선호.

인식형 AI: 유연하고 탐구 중심의 학습 방식 선호.

MBTI 기반 AI 학습 효과

AI에 MBTI를 이식했을 때 예상할 수 있는 학습 효과는 다음과 같다.

첫째, 학습 알고리즘의 개인화가 가능하다. 이는 MBTI 유형별로 학습 데이터를 다르게 처리해 AI가 보다 효과적으로 특정 작업을 수행하도록 설계할 수 있다. 예를 들어, 직관형(N) AI는 창의적 문제 해결 알고리즘에 적합하며, 감각형(S) AI는 반복적이고 구체적인 작업에서 높은 효율성을 보일 수 있다. 즉, 학습 알고리즘의 개인화는 사용자 맞춤형 대화 방식을 제공하여 만족도를 증가시키고, 고객 서비스 및 교육 분야에서 개인화된 학습 환경을 조성할 수 있으며, AI 기반 추천 시스템(예: 콘텐츠 추천,

맞춤형 광고 등)을 최적화할 수 있다는 효과가 있다.

둘째, 성격 유형에 따른 개별 사용자의 경험을 강화할 수 있다. 성격 유형별로 설계된 AI는 사용자와의 상호 작용에서 더 큰 만족도를 제공할 수 있다. 외향형(E) AI는 다수 사용자와의 실시간 상호 작용에서, 내향형(I) AI는 심도 있는 개인 대화에서 강점을 보인다.

셋째, 팀워크 및 협업 AI의 가능성을 높일 수 있다. 즉, 성격 유형별로 다양한 AI를 설계하면, 각 유형이 서로 보완하며 협업하는 AI 시스템을 구현할 수 있다. 예를 들어, 사고형(T) AI가 분석적 과제를 수행하는 동안, 감정형(F) AI는 정서적 지원과 공감을 제공할 수 있다. 또한 계획형(J)과 탐색형(P)의 차이를 고려해, 체계적인 업무 방식을 선호하는 사람과 유연한 접근을 선호하는 사람 간의 협업을 조율하는 AI 시스템을 개발할 수 있다. 이처럼 AI 기반의 HR 시스템은 구성원의 성격 유형을 고려한 팀 구성을 가능하게 하여, 효과적인 팀워크와 협업을 극대화한다. 뿐만 아니라 원격 협업 도구에서 팀원 간의 성향을 분석해 갈등을 최소화할 수도 있고, 프로젝트 진행에서 AI가 개인별 업무 스타일을 반영한 일정 및 역할을 조정할 수도 있다.

마지막으로, AI 윤리성과 신뢰성을 향상시킬 수 있다.

AI가 MBTI 성격 유형을 학습하면 인간의 다양성을 더 깊이 이해할 수 있으며, 이를 통해 더욱 신뢰할 수 있는 AI 시스템을 구축할 수 있다. AI가 특정 성격 유형을 편향적으로 해석하는 것을 방지하고, 모든 사용자에게 균형 잡힌 피드백을 제공하는 방향으로 발전할 가능성이 높다. 이는 AI의 의사 결정 편향성을 줄이고, 공정성과 윤리성을 강화할 수 있다. 그리고 심리적 안정성을 보장하는 AI 시스템 개발과 AI를 활용한 정신 건강 관리 및 심리 치료 도구의 발전으로도 이어질 수 있을 것이다.

MBTI 성격 유형을 AI에게 학습시키는 것은 단순한 기술적 실험이 아니라 AI가 인간과 더욱 유기적으로 소통하고 협력할 수 있도록 돕는 중요한 시도다. 이를 통해 AI는 감성적 교류가 가능한 존재로 진화할 수 있으며, 인간과 AI의 관계가 더욱 깊어질 것이다. 또한 인간의 성향을 이해하는 AI는 보다 윤리적이고 공정한 결정을 내릴 가능성이 높으며, 개인화된 맞춤형 서비스를 제공해 다양한 산업 분야에서 활용될 수 있다.

결국, MBTI 성격 유형을 AI에 적용하는 것은 인간 중심적 AI 발전을 위한 필수적인 요소가 될 것이며, 앞으로의 연구와 기술 개발을 통해 더욱 정교하고 효과적인 시스템으로 진화할 것이다.

이처럼 긍정적으로 보이는 다양한 가능성에도 MBTI를 AI에 학습시키기 위해서는 발생 가능한 문제점과 윤리적 딜레마 등을 고려해야 한다. 우선, MBTI 데이터의 일반화 문제를 고민해야 한다. 성격 유형의 일반화는 개인의 다양성을 간과할 위험이 있다. AI 설계자는 MBTI를 활용하되, 이를 절대적 기준으로 삼지 않고 유연한 접근 방식을 취해야 한다. 다음으로 데이터 활용 시 개인정보 보호와 같은 개인의 권리를 침해하지 않아야 한다. AI가 MBTI 데이터를 학습하는 과정에서 사용자의 개인정보를 보호하는 것이 필수적이다. 특히 성격 데이터를 오남용하지 않도록 강력한 윤리적 기준이 요구된다. 마지막으로 AI 성격 유형의 사회적 영향에 대해서도 다양한 이해관계를 고려해 폭넓게 고민해야 한다. MBTI 기반 AI는 특정 성격 유형에 대한 편향된 기대를 강화할 가능성이 있다. 이는 사용자에게 부정적인 영향을 미칠 수 있으므로, AI 설계자는 성격 유형에 따른 응답 방식의 균형을 유지해야 한다.

MBTI를 AI 시스템에 이식하는 시도는 성격 유형별 학습 및 응답 방식을 정교화해 AI의 학습 효과와 사용자 경험을 크게 향상시킬 가능성을 제시한다(Lu & Huang, 2023). 이를 통해 AI는 인간과의 상호 작용에서 보다 인간적인 특성을 발휘하며(여지혜 외, 2011), 다양한 응용 분야에서 새로운 가능성을 열어 갈 것이다. 그러나 이러한 기술적 진보는 윤리적 고려와 책임 있는 데이터 활용을 기반으로 해야 하며, 인간과 AI 간의 공존을 위한 지속적인 노력이 필요하다.

참고문헌

여지혜 외(2011). 캐릭터의 성격 유형별로 정서적 특징을 반영한 인공감정. ≪한국컴퓨터정보학회 동계학술대회 논문집≫, 19(1), 133-136쪽.

Cui, J., et al.(2023). Machine mindset: An MBTI exploration of large language models. arXiv preprint arXiv:2312.12999.

Lu, Y., et al.(2023). Illuminating the black box: A psychometric investigation into the multifaceted nature of large language models. arXiv preprint arXiv:2312.14202.

06
포스트휴먼 시대 인간과 AI의 공존 전략

인간과 AI의 공존은 더 이상 미래의 상상이 아니라 현재 우리 눈앞에서 벌어지고 있는 실재다. 기술의 비약적인 발전은 AI를 단순한 도구나 보조 수단의 차원을 넘어 인간과 나란히 협력하며 의사결정에까지 관여하는 '존재'로 재정의하고 있다. 이제 우리는 '포스트휴먼'이라는 새로운 패러다임 앞에 서 있다.

AI와 야구?

포스트휴먼 시대 AI

인류는 지금 새로운 문명의 전환점에 서 있다. AI 기술의 비약적인 발전은 우리의 삶의 방식을 혁신적으로 바꾸고 있으며, 인간과 기술이 유기적으로 연결된 포스트휴먼(post-human) 시대를 맞이하고 있다. 포스트휴먼 시대는 인간의 능력을 극대화하는 동시에 인간의 한계를 뛰어넘는 새로운 형태의 존재와 삶을 상상하게 한다. 특히 인공지능(AI)의 급속한 발전은 인간과 기술의 경계를 허물며 우리 삶의 다양한 영역에서 혁신을 일으키고 있다. 하지만 이러한 기술적 발전이 단순히 삶의 편리함을 제공하는 것을 넘어, 인간의 정체성과 존재의 의미를 재정립하는 도전 과제를 던지고 있다. 따라서 인간과 AI가 조화롭게 공존하기 위한 전략을 모색하는 것은 우리의 미래를 설계하는 데 핵심적인 과제가 되고 있다.

포스트휴먼 시대란 인간의 한계를 넘어 기술과 융합된 새로운 형태의 존재를 탐구하는 시대를 의미한다. AI는 단순한 도구의 역할을 넘어, 인간의 사고를 보완하고 심지어 인간의 감정과 결합하는 단계에 이르렀다. 예를 들어, 인공지능 기반의 로봇은 단순히 작업을 수행하는 것을 넘어 노인 돌봄, 심리 상담 등 인간적인 역할을 맡으며 우리의 삶에 깊숙이 스며들고 있다(김정근, 2021;

조우홍, 2023). 뿐만 아니라 웨어러블과 같은 기계와 인간의 결합을 넘어 사이보그와 같은 새로운 종으로서의 포스터휴먼에 대한 담론도 이미 오래전부터 다루어지고 있다(Hollinger, 2009).

AI는 이제 단순한 데이터 처리나 분석을 넘어, 인간의 감정을 이해하고 반응하는 수준에 도달하고 있다. 이는 감정 인식 기술과 자연어 처리 기술의 발전으로 가능해졌으며, 이러한 기술을 통해 AI는 인간의 표정, 음성 톤, 언어 패턴 등을 분석해 감정을 파악하고 적절한 대응을 할 수 있다. 이러한 능력은 심리 상담 분야에서 특히 유용하게 활용되고 있으며, AI 상담사는 내담자의 감정을 이해하고 공감하며, 적절한 조언을 제공하는 역할을 수행하고 있다.

포스트휴먼 시대의 또 다른 특징은 인간과 기계의 경계가 모호해지는 것이다. 웨어러블 기기나 인공 장기와 같은 기술은 이미 우리의 신체와 결합되어 있으며, 이는 인간의 능력을 향상시키거나 손실된 기능을 복원하는 데 사용되고 있다. 더 나아가, 신경 인터페이스 기술을 통해 인간의 뇌와 컴퓨터를 직접 연결하는 연구도 진행 중이다. 이러한 기술은 인간의 인지 능력을 확장하고, 새로운 형태의 의사소통을 가능하게 하며, 궁극적으로는 인간과 기계의 완전한 융합을 추구한다(김동윤 · 배상준, 2019).

사이보그와 같은 포스트휴먼의 존재에 대한 논의는 이미 수십 년 전부터 시작되었다. 1980년대에 등장한 사이버펑크 문학은 인간과 기계의 융합, 인공지능의 발전, 가상 현실 등의 주제를 다루며 포스트휴먼 담론의 기초를 형성했다. 이후 기술의 발전과 함께 이러한 논의는 더욱 활발해졌으며, 현재는 철학, 윤리학, 사회학 등 다양한 분야에서 포스트휴먼 시대의 가능성과 그에 따른 영향에 대한 연구가 진행되고 있다. 미래에는 인간과 기계의 융합이 더욱 심화해, 새로운 형태의 존재와 사회 구조가 나타날 것으로 예상된다.

포스트휴먼 시대는 단순히 인간이 기계와 협력하는 단계를 넘어, 인간과 AI가 함께 진화하며 공존하는 미래를 의미한다. AI는 이제 단순히 인간의 노동을 대체하거나 효율성을 높이는 기술 그 이상으로 진화하고 있다. 포스트휴먼 시대에 들어서면서 AI는 인간의 인식 · 판단 · 의사 결정의 영역에까지 영향을 미치며, 인간과의 관계를 근본적으로 재정의하고 있다. 이 시점에서 우리는 '공존'이라는 키워드를 중심으로 인간과 AI의 미래를 다시 사유할 필요가 있다.

공존은 단순히 기계와 사람이 함께 존재하는 물리적 의미를 넘어서, 어떻게 함께 살아갈 것인가에 대한 사회적 · 윤리적 · 철학적 질문을 포함한다. AI는 이제 단순한 도구가 아니라, 의사 결정의 주체로 참여하고, 창의적 콘텐츠를 생산하며, 인간과 상호작용하는 '사회적 행위자'로 부상하고 있다. 이러한 변화는 인간 고유의 가치와 AI의 역할, 그리고 그 사이의 책임과 권한 배분을 새롭게 설정할 것을 요구한다.

결국 포스트휴먼 시대의 AI는 인간 중심의 세계관에 균열을 일으키며, 새로운 공존의 전략을 요구하고 있다. 기술의 발전을 넘어선 '가치 기반의 공존 모델', 이것이 지금 우리가 진지하게 고민해야 할 과제다. 이 글에서는 포스트휴먼 시대에 인간과 AI가 어떻게 공존할 수 있을지 그 전략을 탐구하고자 한다.

기술적 설계

과거의 기계는 인간의 지시에 따라 움직이는 도구에 불과했다. 그러나 AI는 스스로 학습하고 결정을 내릴 수 있는 능력을 갖추면서 단순한 도구 이상의 존재로 자리 잡았다. AI는 현재 의료, 교육, 예술, 금융 등 다양한 분야에서 인간과 협력하며 문제를 해결하고 새로운 가치를 창출하고 있다. 챗봇이나 가상 비서 같은 기술은 개인의 삶을 더 편리하게 만들어 주고, 의료 AI는 환자의 데이터를 분석해 질병을 조기에 발견하는 데 기여하고 있다.

이러한 변화는 인간의 역할에도 영향을 미친다. 이제 인간은 단순히 기술을 사용하는 소비자에서 벗어나, AI와 협력해 더 나은 결과를 창출하는 협력자로 자리 잡고 있다. 포스트휴먼 시대에 인간은 AI가 제공하는 데이터를 활용해 창의적인 아이디어를 도출하고, 윤리적 결정을 내리는 데 중심적인 역할을 해야 한다.

포스트휴먼 시대의 공존 전략 중 가장 중요한 요소는 기술적 설계다. AI가 인간과 조화를 이루기 위해서는 사용자의 성격, 선호도, 행동 패턴 등을 반영한 맞춤형 설계가 필요하다. 예를 들어, MBTI 성격 유형을 기반으로 AI가 개인화된 서비스를 제공한다면 사용자는 AI를 더욱 친밀하고 유용하게 느낄 것이다. ENFP와 같은 창의적인 성격 유형의 사람에게는 다양한 아이디어를 제안하고 새로운 도전을 장려하는 AI가, ISTJ와 같은 체계적이고 논리적인 성격 유형의 사람에게는 정리된 정보를 제공하며 신뢰를 줄 수 있는 AI가 적합할 것이다.

또한 인간 중심 설계(human-centered design) 접근법을 통해 AI가 인간의 가치와 필요를 중심으로 설계되어야 한다. 이는 AI가 단순히 기능적으로 우수한 것을 넘어 인간의 정서적 요구와 사회적 맥락을 이해하고 반영하는 방향으로 나아가야 함을 의미한다. 이처럼 포스터휴먼 시대에 인간과 AI의 공존은 인간의 삶을 더 나은 모습을 변화시킬 것처럼 보인다. 그러나 그 이면에는 다양한 윤리적 딜레마나 문제점이 있다. 지속 가능한 인류의 미래를 위해 필요한 AI와 인간의 공존을 위한 또 다른 중요한 전략은 윤리적 기준의 확립이다.

AI는 강력한 도구인 동시에 잘못 사용하면 큰 부작용을 초래할 가능성도 있다. AI가 특정 데이터를 편향되게 학습하거나, 개인 정보를 오남용하는 상황은 사회적 신뢰를 크게 손상하고 혼란을 초래할 수 있다. 이를 방지하기 위해 공정성·투명성·책임성을 포함한 윤리적 원칙이 AI 설계와 사용의 모든 단계에서 적용되어야 한다.

사회적 합의 또한 필수적이다. AI의 발전은 기술적 문제가 아니라 인간의 삶과 직결된 문제이기 때문에, 다양한 이해관계자 간의 논의와 합의를 통해 사회적 규범을 형성해야 한다. 예를 들어, AI가 일자리를 대체하는 문제가 제기될 때, 새로운 직업 창출을 위한 교육 프로그램이나 기본 소득과 같은 정책적 대응이 필요할 것이다.

포스트휴먼 시대는 인간과 AI가 서로 경쟁하는 관계

가 아니라 서로의 강점을 보완하며 협력하는 관계를 지향한다. AI는 인간의 생산성과 효율성을 극대화하는 도구로 활용될 수 있으며, 인간은 AI가 갖추지 못한 창의성, 공감 능력, 윤리적 판단력을 통해 AI의 한계를 보완할 수 있다.

이러한 협력은 단순히 일방적인 의존이 아니라 상호보완적 관계를 바탕으로 이루어져야 한다. 예를 들어, 의료 분야에서 AI는 환자의 데이터를 분석하고 진단을 돕는 역할을 하며, 의사는 이를 바탕으로 환자와 소통하고 적절한 치료 방침을 결정할 수 있어야 한다. 교육 분야에서도 AI는 학생의 학습 데이터를 분석해 맞춤형 학습 계획을 제공하고, 교사는 이를 바탕으로 학생의 정서적 성장과 창의적 사고를 지원할 수 있어야 한다.

포스트휴먼 시대는 단순히 기술의 발전이 아니라 인간과 AI가 함께 만들어가는 새로운 사회적 패러다임이다. 다시 말해 포스트휴먼 시대는 인간과 AI가 단순히 기능적으로 협력하는 단계를 넘어 상호 보완하며 공진화하는 사회를 의미한다. 인간과 AI가 공존하기 위해서는 기술적 설계, 윤리적 기준, 사회적 합의가 모두 조화를 이루어야 하며, 이를 통해 인간과 AI는 서로의 한계를 보완하며 더 나은 미래를 향해 나아갈 수 있다. 포스트휴먼 시대는 우리 모두가 협력과 상생의 가치를 바탕으로 만들어 갈 새로운 기회의 시대다. 이에 대비하여 인간과 AI의 공존을 위한 제도적·사회적 준비가 필요하다. 정부와 기업은 AI 기술의 윤리적 개발과 활용을 위한 가이드라인을 마련하고, 교육 기관은 AI와 협력할 수 있는 인재를 양성해야 한다. 일반 대중은 AI에 대한 이해를 높이고, 변화하는 사회에서 자신의 역할을 재정립해야 한다. 이를 통해 인간과 AI가 함께 발전하고, 더 나은 미래를 만들어 나갈 수 있을 것이다.

참고문헌

김동윤·배상준(2019). 인공지능과 디지털 기술 발달에 따른 트랜스/포스트휴머니즘에 관한 학제적 연구. ≪방송공학회 논문지≫, 24(3), 411-419쪽.

김정근(2021). 코로나19 팬데믹 시대 미국의 AI/로봇을 활용한 노인 돌봄 사례와 이슈. ≪국제사회보장리뷰≫, 16호, 16-26쪽.

조우홍(2023). 고령화 시대 노인 돌봄을 위한 AI 로봇 도입 및 활용 방안. ≪인문사회 21≫, 14(2), 3249-3260쪽.

Hollinger, V.(2009). Posthumanism and cyborg theory. In *The Routledge companion to science fiction*(pp. 267-278). Routledge.

07
MBTI 성격 유형 데이터와 AI의 미래

MBTI 성격 유형 데이터는 다양한 연구에서 활용되어, 개인의 성격을 분석하고 이를 예측하는 데 기여하고 있다. 특히 머신 러닝과 자연어 처리 기술의 발전으로, 텍스트 데이터를 기반으로 개인의 MBTI 성격 유형을 분류하거나 예측하는 연구가 활발히 진행되고 있다.

AI와 윤동주?

MBTI 성격 유형 데이터

MBTI 성격 유형 데이터는 다양한 연구에서 활용되어, 개인의 성격을 분석하고 이를 예측하는 데 기여하고 있다. 특히 머신 러닝과 자연어 처리(natural language processing: NLP) 기술의 발전으로 텍스트 데이터를 기반으로 개인의 MBTI 성격 유형을 분류하거나 예측하는 연구가 활발히 진행되고 있다.

예를 들어, Basto(2021)의 연구에서는 자연어 처리 기법을 활용하여 텍스트를 분석하고, 감정, 문법, 주제 등의 특징을 추출하여 MBTI 성격 유형을 예측하는 모델을 개발했다. 이 연구는 데이터의 품질과 대표성을 강조하며, 복잡한 모델보다 데이터의 특성을 잘 반영한 접근법이 더 효과적일 수 있음을 시사한다.

또한, Keh와 Cheng(2019)의 연구에서는 사전 학습된 언어 모델을 활용하여 텍스트로부터 MBTI 성격 유형을 예측하고, 나아가 성격 유형별로 특화된 언어 생성의 가능성을 탐구했다. 이 연구는 심리학과 공감 능력을 갖춘 지능형 시스템 개발에 기여할 수 있는 잠재력을 보여 준다.

Ontoum과 Chan(2022)의 연구에서는 전통적인 머신 러닝 기법과 심층 학습 기법을 적용해 텍스트 기반의

MBTI 성격 유형 분류를 시도했다. 이 연구는 데이터 마이닝 프로세스를 적용해 개발 주기를 단축하고, 다양한 기법의 효과를 비교했다.

이처럼 MBTI 성격 유형 데이터는 자연어 처리와 머신러닝 분야에서 활발히 활용되며, 개인의 성격을 분석하고 예측하는 모델 개발에 중요한 역할을 하고 있다. 이러한 연구들은 향후 AI 시스템이 사용자와의 상호 작용에서 더욱 개인화되고 공감 능력을 갖추는 데 기여할 것으로 기대된다.

이와 같은 머신 러닝과 자연어 처리 기술을 활용한 연구는 현재 여러 분야에서 활용되고 있으며, 특히 개인의 성향을 분석하고 맞춤형 서비스를 제공하는 데 중요한 역할을 한다.

활용 분야

MBTI 성격 유형 데이터는 다양한 분야에서 활용되고 있으며, 특히 기업 및 조직 관리, 교육 및 상담, 마케팅 및 소비자 분석 분야에서 두드러진다. 기업들은 직원의 성격 유형을 분석해 적절한 직무 배치와 팀 구성, 리더십 개발 등에 활용하고 있다(Gabriel, 2000). 예를 들어, 창의적 문제 해결이 요구되는 부서에는 직관형(N)과 인식형(P) 성향의 인재를 배치하고, 세부 사항을 철저히 검토하는 업무에는 감각형(S)과 판단형(J) 성향의 인재를 선호하는 경향이 있다. 이러한 접근은 팀 내 협업을 강화하고 효과적인 리더십 스타일을 구축하는 데 도움이 된다.

첫째, 기업 및 조직 관리 분야에서는 MBTI 데이터를 직원 채용, 팀 구성, 리더십 개발 등에 활용한다. 많은 기업이 직원의 성격 유형을 분석해 적절한 직무를 배치하고, 팀 내 협업을 강화하며, 효과적인 리더십 스타일을 구축하는 데 도움을 받고 있다(Mendes, et al., 2019). 예를 들어, 창의적 문제 해결이 요구되는 부서에서는 직관형(N)과 인식형(P)이 많은 인력을 배치하는 반면, 세부 사항을 철저히 검토하는 업무에서는 감각형(S)과 판단형(J) 성향을 가진 인재가 더 적합하다고 본다.

둘째, 교육 및 상담 분야에서도 MBTI 데이터는 중요한 역할을 한다. 많은 교육기관이 학생의 학습 스타일과 성격 유형을 분석하여 맞춤형 학습법을 제공하려 한다. 예를 들어, 내향형(I) 학생은 조용한 환경에서 자기 주도적인 학습을 선호하는 반면, 외향형(E) 학생은 그룹 활동과 토론을 통해 더 효과적으로 학습할 수 있다(Puji & Ahmad, 2016). 심리 상담에서는 MBTI 데이터를 활용해 내담자의 성향을 이해하고, 개인에게 적합한 조언을 제공하는 데 도움을 준다(이상순 · 김희숙, 2023).

셋째, 마케팅 및 소비자 분석에서도 MBTI 데이터는 널리 사용된다. 기업들은 소비자의 성격 유형을 기반으로 맞춤형 광고를 제공하며, 개별 고객의 성향에 맞는 상품 추천 시스템을 개발하고 있다. 예를 들어, 감정형(F) 성향을 가진 고객은 감성적인 브랜드 메시지에 더 반응하는 경향이 있으며, 사고형(T) 고객은 논리적이고 객관적인 제품 정보를 선호하는 경향이 있다(Hoodbhoy, 2024).

최근에는 인공지능(AI) 기술의 발전과 함께 MBTI 데이터를 AI와 접목하는 다양한 시도가 이루어지고 있다. AI는 방대한 양의 MBTI 데이터를 분석해 더욱 정교한 성격 유형 예측 모델을 구축하고, 이를 다양한 분야에서 활용하는 데 도움을 주고 있다. AI 기반 채용 및 인재 관리에서는 이력서, 인터뷰 답변, 업무 스타일 등을 분석해 지원자의 MBTI 성향을 예측하고, 기업이 원하는 직무와의 적합성을 평가할 수 있다. 이를 통해 기업은 보다 정교한 맞춤형 채용 전략을 수립할 수 있으며, 직무와 조직 문화에 적합한 인재를 선발할 수 있다.

AI 챗봇 및 가상 비서의 성격 커스터마이징에도 MBTI

데이터를 활용한다. 사용자와의 상호 작용에서 AI가 사용자 성향을 파악하고, 이에 맞게 응답 스타일을 조정할 수 있다. 예를 들어, 외향형(E) 사용자는 활발하고 친근한 응답을 선호하는 반면, 내향형(I) 사용자는 조용하고 차분한 스타일의 AI와 대화하는 것을 더 편하게 느낄 수 있다. 이를 통해 AI 챗봇은 사용자 친화적인 맞춤형 서비스를 제공할 수 있다.

개인화된 학습 시스템에서도 MBTI 데이터와 AI의 결합이 이루어지고 있다. AI 기반 온라인 교육 플랫폼은 학생의 MBTI 유형을 분석하여 최적의 학습법을 추천할 수 있다. 직관형(N) 학습자는 개념 중심의 학습을 선호하는 반면, 감각형(S) 학습자는 실용적이고 구체적인 예제를 선호한다. AI는 이러한 데이터를 바탕으로 학습 콘텐츠를 개인화할 수 있다(Basto, 2021).

앞으로 MBTI 데이터가 AI와 더욱 긴밀하게 결합되면서, 다양한 혁신적인 활용 가능성이 기대된다. 예를 들어, 정서적 공감이 가능한 AI 개발, 디지털 치료 및 정신건강 관리, MBTI 기반 AI 협업 시스템 개발, 맞춤형 스마트 홈 및 사물 인터넷(IoT) 시스템 등에서 MBTI 데이터와 AI의 결합이 이루어질 수 있다. 이러한 발전은 개인의 성향을 더욱 깊이 이해하고, 맞춤형 서비스를 제공하는 데 기여할 것으로 예상된다.

다만, 이러한 데이터 활용에서 개인 정보 보호 및 윤리적 문제를 신중히 고려해야 하며, 성격 유형의 다양성을 존중하는 방식으로 AI를 설계하는 것이 중요하다. 앞으로 AI와 MBTI가 융합된 기술이 인간의 삶을 더욱 풍요롭게 만들 수 있도록 지속적인 연구와 개발이 필요할 것이다.

참고문헌

이상순 · 김희숙(2023). MBTI활용 집단상담프로그램이 간호대학생의 자기수용, 타인수용 및 친구관계에 미치는 효과. ≪심리유형과 인간발달≫, 24(2), 73-91쪽.

Basto, C.(2021). Extending the abstraction of personality types based on MBTI with machine learning and natural language processing. arXiv preprint arXiv:2105.11798.

Gabriel, M. P.(2000). Personality types as predictor of team roles(Doctoral dissertation, University of South Africa).

Hoodbhoy, P.(2024). Understanding the relationship between personality types, marketing mix, and buying decisions. *Corpus Journal of Social Sciences & Management Review*, 2(1), pp.46-52.

Keh, S. S. & Cheng, I.(2019). Myers-Briggs personality classification and personality-specific language generation using pre-trained language models. arXiv preprint arXiv:1907.06333.

Mendes, F. F., et al.(2019). The relationship between personality and decision-making: A Systematic literature review. *Information and Software Technology*, 111, pp.50-71.

Ontoum, S. & Chan, J. H.(2022). Personality type based on Myers-Briggs type indicator with text posting style by using traditional and deep learning. arXiv preprint arXiv:2201.08717.

Puji, R. P. N. & Ahmad, A. R.(2016). Learning style of MBTI personality types in history learning at higher education. *Economics*, 3(6), pp.289-295.

08
AI와 인간의 협력

AI는 방대한 데이터를 빠르게 분석하고, 예측 모델을 통해 미래를 예견하며, 반복적인 업무를 효율적으로 처리한다. 반면 인간은 창의력, 윤리적 판단, 사회적 공감과 같은 고유한 능력을 보유하고 있다. 이처럼 양자의 역할은 서로 보완적이며, 상호 협력을 통해 단독으로는 이룰 수 없는 혁신적 결과를 도출할 수 있다. 이러한 변화 속에서 인간과 AI의 협력은 필수적인 요소로 부각되고 있다.

AI와 한의학?

현대 사회에서 인공지능(AI)의 발전은 우리의 일상과 산업 전반에 깊숙이 스며들어 있다. 현대 사회에서 AI는 단순한 자동화 도구를 넘어, 인간의 복잡한 문제 해결과 의사 결정을 보완하는 중요한 역할을 한다. AI는 방대한 데이터를 빠르게 분석하고, 예측 모델을 통해 미래를 예견하며, 반복적인 업무를 효율적으로 처리한다. 반면 인간은 창의력, 윤리적 판단, 사회적 공감과 같은 고유한 능력을 보유하고 있다. 이처럼 양자의 역할은 서로 보완적이며, 상호 협력을 통해 단독으로는 이룰 수 없는 혁신적 결과를 도출할 수 있다. 이러한 변화 속에서 인간과 AI의 협력은 필수적인 요소로 부각되고 있다. AI는 방대한 데이터 분석과 반복적인 작업을 효율적으로 처리하는 능력을 지니고 있으며, 이는 인간의 창의성과 감성적 지능을 보완한다. 예를 들어, AI는 의료 진단에서 방대한 데이터를 분석하여 정확한 진단을 지원하고, 재난 예측 모델을 통해 자연 재해의 피해를 최소화하는 데 기여한다(F-LAB, 2024). 또한 AI는 반복적인 업무를 자동화해 인간이 더 창의적이고 전략적인 업무에 집중할 수 있도록 돕는다. 예를 들어, 클라우드 ERP 환경에서 AI는 데이터 입력, 청구서 처리, 재고 관리 등의 업무를 자동화해 직원들이 더 고차원적인 업무에 집중할 수 있게 한다.

그러나 AI의 이러한 능력은 인간의 감정적 인지와 창의력을 대체할 수 없다. 예술가, 치료사, 교육자 등 감정적 교감과 창의성을 필요로 하는 직업은 여전히 인간의 영역으로 남아 있으며, 이러한 분야에서 인간과 AI의 협력은 더욱 중요해질 것이다(이경전, 2024). AI와 인간의 협력은 서로의 강점을 결합해 혁신을 촉진한다. 인간의 상상력과 사회적 능력은 AI의 분석 및 정량적 능력과 결합되어 새로운 가능성을 창출한다. 예를 들어, 인간의 창의적인 아이디어는 AI의 데이터 분석을 통해 현실화될 수 있으며, 이는 혁신의 복잡성을 해결하는 데 기여한다(이한선, 2022). 또한 AI는 인간의 편견을 보완하는 역할을 한다. AI는 많은 양의 정보를 처리하고 다양한 시각을 제공함으로써 의사 결정 과정에서 균형을 맞출 수 있다. 이는 더욱 진보된 의사 결정과 조직적 성과를 가능하게 한다.

이와 같이 AI와 인간의 삶은 더 이상 분리될 수 없으며 많은 분야에서 활용되고 있어 AI와 인간 협력은 필수 불가결한 관계가 되고 있다. 현재 진행되고 있거나 진행된 AI와 인간의 협력 사례를 살펴보면 다음과 같다.

의료 분야

AI는 의료 영상 분석에서 질병의 조기 진단을 돕고 있다. 예를 들어, 망막 병증(ROP)과 같은 안질환을 AI가 분석해 조기에 발견할 수 있다(Pluim, 2024). 동시에, 의료진은 AI가 제시한 데이터를 바탕으로 환자의 전반적인 상태를 고려한 치료 계획을 수립한다(Esteva, et al., 2017). 이와 같이 AI의 정밀한 분석 능력과 인간의 통합적 판단이 결합해 보다 효과적인 의료 서비스를 제공한다. 이러한 기술은 의료 접근성이 부족한 지역에서도 활용되어 의료 서비스의 질을 향상시키고 있다.

고객 서비스

AI 기반의 챗봇은 반복적인 고객 문의를 처리해 인간 상담원의 업무 부담을 줄여 준다. 고객 서비스는 전통적으로 코스트 센터로 간주되었고 그런 만큼 많은 조직이 고객 개선 노력의 초점을 비용 절감에 맞춰 왔다. 이러한 노력은 중대한 실수로 판명 났다. 아무도 행복하지 않은 세상이 되기 때문이다. 고객은 고객대로 예약은 2번, 서비스는 3번을 누르는 데 지쳤고 서비스 담당자는 똑같은 질문에 반복해서 답하는 데 질렸다.

고객 서비스 분야의 최신 기술은 가상 상담사다. 서비

스 대본으로 훈련을 받은 자동화된 시스템인 가상 상담사(버추얼 에이전트)는 AI를 활용해 전화나 채팅으로 고객 요청을 인식하고 응대한다. 고객 서비스의 역사를 돌이켜 볼 때 다시 한번 일자리 감축과 비용 절감에 초점을 맞추는 게 아닌가 하고 생각할 수도 있지만 그렇지 않다. 오히려 이를 통해 인간 상담원은 보다 복잡한 문제에 집중할 수 있으며, 고객 만족도도 향상된다(박수홍, 2023).

교육 분야

교육 분야에서도 AI와 인간의 협력은 혁신적인 변화를 이끌어 내고 있다. AI는 학생 개개인의 학습 성향과 수준을 분석해 맞춤형 학습 자료를 제공하며, 학습 진행 상황을 실시간으로 모니터링한다(Luckin, 2018). 반면, 교사는 학생과의 직접적인 상호 작용을 통해 정서적 지원과 동기 부여를 담당한다. 이러한 협력은 학습자의 능동적 참여를 이끌어 내며, 교육 효과를 극대화하는 데 기여한다. AI는 학생들의 학습 패턴을 분석해 개인 맞춤형 학습 경로를 제공할 수도 있다. 이를 통해 학생들은 자신의 학습 스타일에 맞는 교육을 받을 수 있으며, 학습 효율성이 높아진다(송혜빈 · 조영환, 2023).

창의적 영역

창의적 영역에서도 AI와 인간의 협력은 새로운 가능성을 열어 준다. 예술과 디자인 분야에서 AI는 대량의 데이터를 바탕으로 다양한 창작물을 제시하며, 인간은 이러한 결과물을 비평하고 창의적으로 재해석한다(Mazzone & Elgammal, 2019). AI가 생성한 이미지를 바탕으로 예술가는 새로운 시각적 표현을 도출할 수 있으며, 이는 전통적 예술과 디지털 예술이 융합된 새로운 형태의 창작 활동으로 발전한다.

산업 분야

금융, 제조, 서비스 등 다양한 산업 분야에서 AI는 생산성과 효율성을 높이는 데 기여하고 있으며, 인간은 윤리적 판단과 고객과의 신뢰 형성이라는 역할에 집중하고 있다. 이러한 인간과 AI의 협력은 단순한 기술적 성과를 넘어 사회 전반의 지속 가능한 발전에 이바지하며, 인류가 직면한 복잡하고 다차원적인 문제를 해결하는 데 핵심적인 동력이 되고 있다.

이와 같은 예에서도 알 수 있듯이, 현대 사회에서 인간과 AI의 협력은 필수적이며, 이를 통해 우리는 더욱 효율적이고 혁신적인 사회를 구축할 수 있다. 그러나 이러한 협력 관계를 구축하는 데 윤리적 고려와 인간의 본질적 가치를 성찰하는 노력이 필요하다. 인공지능의 발전은 우리에게 인간의 본질적 가치를 다시 성찰하게 하고, 연대와 협력의 중요성을 재확인하게 한다.

앞으로 AI와 인간의 협력은 더욱 강화될 것으로 예상된다. AI는 인간의 능력을 보완하고 증대시키며, 새로운 혁신의 기회를 제공할 것이다. AI는 인간의 창의성을 자극하고, 새로운 아이디어를 생성하는 데 도움을 줄 수 있다. AI와 인간의 협력은 새로운 직업과 산업을 창출할 것이다. AI 트레이너, AI 윤리 전문가 등 새로운 직업이 등장할 수 있다. 따라서 이러한 변화에 대비해 교육과 훈련 프로그램을 개발하는 것이 중요하다.

결론적으로, AI와 인간의 협력은 우리의 삶과 사회에 큰 변화를 가져올 것이다. 이러한 변화를 긍정적으로 활용하기 위해서는 AI와 인간의 강점을 결합하고, 도전 과제를 해결하며, 미래를 대비하는 노력이 필요하다.

참고문헌

박수홍(2023). 온라인 쇼핑에서의 챗봇 서비스 품질이 고객의 충성도와 만족도에 미치는 영향에 관한 연구.

≪e-비즈니스연구≫, 24(3), 19-28쪽.
송혜빈 · 조영환(2023). 인간-AI 협력 역량 향상을 위한 활동중심수업 설계원리 개발. ≪교육정보미디어연구≫, 29(1), 145-173쪽.
이경전(2024.9.13).인공지능(AI)과 공존하는 세상을 살아가는 방법. ≪대한민국 정책브리핑≫, https://www.korea.kr/news/policyNewsView.do?newsId=148933442&utm_source=chatgpt.com
이한선(2022.5.1). 사람과 인공지능이 협업할 수 있는 방법. ≪AI타임스≫, https://www.aitimes.com/news/articleView.html?idxno=144356
Esteva, A., et al.(2017). Dermatologist-level classification of skin cancer with deep neural networks. *Nature*, 542(7639), pp.115-118.
F-Lab(2024.3.22). 인공지능의 발전과 사회에 미치는 영향. F-Lab 뉴스레터, https://f-lab.kr/insight/the-evolution-of-artificial-intelligence-and-its-impact-on-society?utm_source=chatgpt.com
Luckin, R.(2018). *Machine learning and human intelligence. The future of education for the 21st century*. UCL institute of education press.
Mazzone, M. & Elgammal, A.(2019). Art, creativity, and the potential of artificial intelligence. *Arts*, 8(1), pp.1-9.
Pluim. P.(2024.9.10). Embracing the Power of human and AI collaboration to create new opportunities. *Forbes*, https://www.forbes.com/sites/sap/2024/09/10/embracing-the-power-of-human-ai-collaboration-in-cloud-erp/

09

인간의 감정을 읽어 내는 AI

최근 MBTI 성격 유형은 단순한 성격 검사 도구를 넘어 인간의 사고방식과 행동 패턴을 분석하는 하나의 사회적 코드로 확산하고 있다. 이와 동시에 AI의 비약적 발전은 방대한 개인 성향 데이터를 실시간으로 수집하고 분석하는 것을 가능하게 만들며, MBTI 데이터의 활용 가능성을 전혀 다른 차원으로 확장하고 있다. AI가 MBTI 성격 유형 데이터를 접목함으로써 우리는 이제 개인의 성격적 특성을 정적인 결과가 아닌, 상황에 따른 반응 패턴으로 동적으로 이해할 수 있게 되었다.

AI와 화장품?

감정 분석

MBTI 성격 유형 데이터와 AI의 결합은 심리학적 접근을 넘어서는 혁신적 융합이라 할 수 있다. 최근 들어 MBTI는 단순한 심리 검사 도구를 넘어 사회적 현상으로 자리잡았으며, 이제는 기술과 결합해 새로운 가능성을 열어가고 있다. 특히 AI와의 융합은 MBTI 데이터 활용의 범위를 확장하고 있으며, 이는 우리가 성격 유형을 분석하는 방법, 그리고 이를 통해 얻을 수 있는 혜택을 새롭게 정의하고 있다.

특히 MBTI 성격 유형 데이터를 기반으로 한 감정 분석 연구는 주로 사람들이 감정을 표현하는 방식을 이해하는 데 집중한다. 사람들은 성격 유형에 따라 감정을 드러내는 방식이 다르기 때문에, 감정 분석 시스템이 이를 반영하지 않으면 분석의 정확성이 떨어질 수 있다. 예를 들어, 외향적인 사람은 자신의 감정을 더 자주, 공개적으로 표현하며, 내향적인 사람은 감정을 내면에 숨기고 소극적으로 표현하는 경향이 있다. 이와 같은 성격적 차이를 반영하는 감정 분석 모델이 개발되고 있으며, 이를 통해 AI는 사람들의 성격에 맞는 보다 정교한 감정 인식을 할 수 있다.

최근 연구에 따르면, MBTI 성격 유형 데이터를 AI 기술, 특히 자연어 처리(natural language processing: NLP) 및 빅 데이터 분석과 결합해 새로운 분석 기법을 개발하고 있다. 이 과정에서 AI는 단순히 인간의 성격을 '분류'하는 도구를 넘어, 인간 행동의 복잡한 패턴을 이해하고 예측하는 데 중요한 역할을 하게 된다.

MBTI 성격 유형 데이터는 다양한 분야에서 심층적으로 연구되고 있다. 예를 들어, 소셜 네트워크 서비스(SNS)에서 이용자의 텍스트 데이터를 기반으로 트랜스포머 계열의 언어 모델을 전이 학습하여 MBTI 성격 유형을 분류하는 연구가 진행되었다(정재준 · 임희석, 2023). 해당 연구는 국내 최초로 이러한 접근 방식을 시도했으며, SNS에서 생성되는 방대한 양의 텍스트 데이터를 활용해 이용자의 성격 유형을 자동으로 분류하는 모델을 개발하는 것을 목표로 했다. 기존의 성격 유형 분석은 주로 자기 보고식 설문지에 의존했으나 이 연구는 자연어 처리 기법을 통해 텍스트로부터 성격 유형을 추론하는 새로운 접근법을 제시했다.

이 연구는 자연어 처리 기술을 활용해 수천수만 개의 SNS 게시 글을 분석하고, 그 속에 숨겨진 심리적 특성이나 성격의 패턴을 찾아내는 방법을 제시한다. 예를 들어, 특정 단어나 문장 패턴을 분석해 사람들의 성격을 분류하는데, 감성적인 단어를 많이 사용하는 사람은 'F(feeling)' 성향을, 논리적인 표현을 자주 사용하는 사람은 'T(thinking)' 성향을 지닌다고 해석할 수 있다. 이러한 접근 방식은 MBTI 성격 유형 분석의 정확성을 높이고, 더 많은 데이터를 기반으로 성격 유형을 더욱 정밀하게 분류할 수 있게 만들어 준다. 결과적으로 이 연구는 성격 유형 분류의 새로운 패러다임을 제시한 중요한 시도로 평가받고 있다.

그리고 빅 데이터를 활용해 한국 사회에서 MBTI에 대한 인식을 분석한 연구도 있다. 이 연구는 MBTI 검사가 단순한 심리 검사를 넘어 사회적 현상으로 자리 잡았음을 보여 주며, 한국인들의 MBTI에 대한 전반적인 인식을 파악하고 이를 활용한 시사점을 논의했다(이영주, 2022). 이 연구는 웹 크롤러를 활용해 2022년 2월부터 3월까지 'MBTI'를 키워드로, 2021년 11월부터 2022년 3월까지 '성격 유형 검사'를 키워드로 네이버 뉴스 기사 제목을 수집했다. 단어 빈도 분석과 토픽 모델링 분석을 활용해 관련 상담 프로그램, 실제 치료 및 전문가로서의 활용 방안, MBTI 전문가 과정, 연예인과 이슈의 네 가지 주요 결과를 도출했다. 해당 연구를 통해 한국인들의 MBTI에 대한 전반적인 인식을 파악했으며,

MBTI가 단순한 심리 검사를 넘어 사회적 현상으로 자리 잡았음을 확인했다. 이를 통해 MBTI의 사회적 영향력과 활용 방안에 대한 시사점과 MBTI가 어떻게 상담 프로그램이나 심리 치료 등 실질적인 분야에서 활용될 수 있는지에 대해서도 시사점도 제공했다.

또한 음성 데이터나 얼굴 표정을 통한 감정 분석에서도 MBTI 성격 유형의 고려가 이루어지고 있다. 예를 들어, 외향적인 사람은 대화 중에 활발하게 감정을 표현할 가능성이 높고, 내향적인 사람은 감정을 좀 더 절제된 방식으로 표현할 것이다. 이러한 성격적 차이를 AI가 인식할 수 있다면 음성이나 얼굴 표정에서 나타나는 감정의 뉘앙스를 더 정확하게 파악할 수 있다. 이러한 연구는 감정 분석의 정확성을 높이고, AI가 제공하는 서비스의 품질을 향상할 수 있는 기회를 제공한다. 이와 같은 연구는 MBTI 성격 유형 데이터와 AI를 결합해 인간의 감정 분석 연구가 가능하다는 것을 보여 준다.

이처럼 AI는 MBTI 성격 유형 데이터를 기반으로 감정 분석의 상호 작용을 향상하는 데 중요한 역할을 할 수 있다. 사람은 자신이 속한 성격 유형에 따라 감정을 표현하는 방식과 반응하는 방식이 다르기 때문에, AI가 이를 이해하고 맞춤형 반응을 제공하면 상호 작용의 품질을 크게 높일 수 있다. 예를 들어, 외향적인 사람에게는 친근하고 적극적인 상호 작용을 제공하고, 내향적인 사람에게는 조용하고 안정적인 상호 작용을 제공하는 방식으로, AI는 사람의 성격에 맞춰 감정적 반응을 조정할 수 있다.

이러한 맞춤형 상호 작용은 특히 고객 서비스나 상담 분야에서 유용하다. 고객 서비스에서는 고객의 성격 유형에 맞춰 반응을 달리함으로써, 고객의 감정 상태에 맞춘 대응을 할 수 있다. 외향적인 고객은 빠른 응답과 활발한 대화를 선호할 수 있지만, 내향적인 고객은 조용하고 차분한 응답을 더 선호할 수 있다. AI는 고객의 성격 유형을 분석해 고객의 감정 상태에 맞는 반응을 즉각적으로 제공할 수 있다. 이를 통해 고객의 만족도를 높이고 서비스의 질을 향상할 수 있다.

AI가 감정 분석을 통해 사람의 성격을 파악하고 그에 맞는 반응을 제공하는 것은 고객 경험을 개선하는 데 중요한 요소가 된다. 예를 들어, 고객이 불만을 표시하거나 스트레스를 나타낼 때, AI는 그들의 성격에 맞춰 감정적으로 안정시키는 방식으로 대응할 수 있다. 고객이 긍정적인 감정을 표현할 때는 AI가 더 친근하고 적극적인 반응을 보이도록 설계될 수 있다. 이러한 상호 작용은 고객의 감정 상태를 더 잘 이해하고, 이에 맞는 대응을 통해 고객 경험을 개인화하는 데 중요한 역할을 한다.

미래에는 MBTI 성격 유형과 감정 분석 기술이 결합되어 더욱 발전할 것으로 예상된다. 현재의 기술 수준에서 AI는 사람들의 감정 상태를 파악하는 데 제한적일 수 있지만 미래의 AI는 사람들의 감정 반응을 실시간으로 분석하고 예측하는 데 더욱 능숙해질 것이다. 사람의 음성 톤, 표정, 언어적 패턴 등을 분석해 그들의 감정 상태뿐만 아니라 성격까지 예측할 수 있는 AI가 등장할 것이다. 이러한 AI는 사람들과의 상호 작용을 더욱 자연스럽고 인간적인 수준으로 만들어 줄 것이다.

AI는 감정 분석을 통해 단순히 감정을 인식하는 데 그치지 않고, 이를 바탕으로 사람의 성격에 맞춘 맞춤형 서비스를 제공할 수 있을 것이다. 예를 들어, 온라인 쇼핑몰에서는 고객의 성격을 분석해 고객이 선호할 가능성이 높은 제품을 추천하거나, 감정적인 피드백을 제공하는 시스템을 구축할 수 있다. 직장 내에서는 AI가 팀원의 성격을 파악해 그에 맞는 업무 분배와 팀워크를 제시하는 방식으로 활용될 수 있다. 이러한 방식은 직장 내 협업과 성과를 크게 높일 수 있다.

AI의 발전과 함께 MBTI와 감정 분석의 결합은 사회

각 분야에서 중요한 변화를 일으킬 것이다. 특히 교육 분야에서는 학생들의 성격에 맞춘 학습 방법과 피드백을 제공해 학습 효과를 극대화할 수 있을 것이다. 감정 분석과 MBTI 성격 유형의 융합은 단순한 감정 인식을 넘어서 사람들의 성격을 보다 깊이 이해하고 그에 맞는 서비스를 제공하는 중요한 기술로 자리 잡을 것이다.

결론적으로, MBTI 성격 유형 데이터는 AI의 발전과 융합해 미래의 기술과 사회에 중요한 영향을 미칠 것으로 기대된다. 성격에 맞춘 감정 분석과 반응은 사람과 AI 간의 상호 작용을 더 자연스럽고 인간적으로 만들어 다양한 분야에서 새로운 서비스를 창출할 수 있는 기회를 제공한다. MBTI 성격 유형 데이터를 기반으로 한 감정 분석은 고객 서비스, 교육, 직장 내 협업 등 여러 분야에서 이미 실용성을 인정받고 있으며, 미래에는 AI의 발전을 통해 그 가능성이 더욱 확장될 것이다.

결국, AI는 사람의 감정과 성격을 이해하고, 이를 바탕으로 맞춤형 서비스를 제공하는 데 중요한 역할을 할 것이다. 이는 사람들과의 상호 작용을 더욱 개선하고, 인간 중심의 AI 서비스를 만드는 데 중요한 기반이 될 것이다.

MBTI 성격 유형 데이터와 AI의 결합은 많은 가능성을 지닌 분야지만, 그 발전과 활용에서 신중하게 고려해야 할 여러 가지 중요한 사항이 존재한다. 이들 요소는 기술적 · 윤리적 · 사회적 측면에서 AI의 적용이 더욱 효과적이고 책임감 있게 이루어지도록 돕는다. 아래에서는 MBTI 성격 유형 데이터와 AI의 결합에 있어 중요한 고려 사항을 다루겠다.

첫째, 성격 유형의 다양성과 개인의 차이를 고려해야 한다. MBTI 성격 유형은 사람들이 보이는 행동과 사고의 패턴을 16가지 유형으로 나누려는 시도에 기반한 도구다. 하지만 각 성격 유형 내에도 상당한 개인차가 존재한다. 예를 들어, 같은 성격 유형을 가진 사람이라도 세부적인 행동 양식이나 감정 반응이 크게 다를 수 있다. 따라서 AI 시스템이 MBTI 성격 유형을 기반으로 사용자 맞춤형 서비스를 제공하려면, 성격 유형을 매우 세밀하게 분석하고 이를 바탕으로 다채로운 반응을 처리할 수 있는 알고리즘이 필요하다.

성격 유형을 분류하고 해석하는 데 AI가 너무 단순화된 모델에 의존하거나 지나치게 일반화된 규칙을 적용한다면, 다양한 개별적 특성을 간과할 수 있다. 이는 사용자가 제공하는 서비스에서의 경험에 왜곡을 일으킬 수 있다. 따라서 AI는 MBTI 성격 유형을 고려할 때, 개인의 성격적 특성을 존중하며, 지나치게 범주화된 접근을 지양해야 한다.

둘째, 데이터의 정확성과 신뢰성을 확보해야 한다. MBTI 성격 유형 데이터는 일반적으로 자기보고식 설문을 통해 수집되며, 이는 사용자의 주관적 경험과 인식에 의존한다. 따라서 이 데이터는 불완전하거나 왜곡될 가능성이 있다. 예를 들어, 사람들이 자신의 성격을 평가할 때 상황에 따라 다르게 반응할 수 있고, 자신의 성격을 객관적으로 인식하는 데 한계가 있을 수 있다. 이런 경우, AI는 주어진 데이터를 바탕으로 성격 유형을 예측하지만, 그 예측이 반드시 정확하거나 신뢰할 수 있는 결과를 도출하는 것은 아니다.

신뢰성 높이기

AI가 MBTI 성격 유형 데이터를 기반으로 서비스를 제공할 때, 이러한 데이터의 정확성과 신뢰성을 높이는 방법에 대한 고려가 필요하다. 예를 들어, 단순히 성격 유형을 파악하는 데 그치지 않고 사용자의 행동 패턴, 감정 표현, 의사 결정 스타일 등을 종합적으로 분석해 예측 정확도를 높여야 한다. 이를 위해 다양한 유형의 데이터를 융합하고, 지속적인 학습과 평가가 가능한 모델을 구축하는 것이 중요하다.

셋째, AI 반응의 다양성과 맞춤형 대응을 위한 설계가 필요하다. AI가 MBTI 성격 유형 데이터를 활용할 때, 단순히 성격 유형에 따라 반응을 정해 놓는 것이 아니라 각 사용자의 개별적인 특성과 상황에 맞춘 맞춤형 대응을 제공해야 한다. 예를 들어, 외향적인 사람에게는 빠르고 직관적인 반응을, 내향적인 사람에게는 신중하고 차분한 반응을 제공하는 방식이 될 수 있다. 그러나 MBTI 성격 유형은 고정된 특성을 나타내기보다는 상황에 따라 변할 수 있는 특성도 존재한다. 예를 들어, 스트레스 상황에서는 내향적인 사람도 외향적인 행동을 보일 수 있다.

따라서 AI는 성격 유형을 기반으로 한 맞춤형 반응을 설계할 때, 사람들의 성격을 단지 고정된 특성으로 보지 않고 상황적 변화에 따른 변동성도 반영해야 한다. AI는 사용자의 현재 상태와 감정, 환경적 요인 등을 고려해 다각적인 반응을 제공하는 것이 중요하다. 이를 위해서는 AI 모델이 지속적으로 학습하고, 사용자의 변화를 반영할 수 있도록 설계되어야 한다.

넷째, AI의 감정 인식과 성격 반영의 균형이 필요하다. AI가 MBTI 성격 유형을 활용해 감정을 분석하고 성격을 파악하는 과정에서 중요한 점은 감정 인식과 성격 반영의 균형을 맞추는 것이다. 예를 들어, AI가 사용자의 감정을 정확하게 인식하더라도 이를 단순히 성격 유형에 맞춰 일률적으로 반응하게 된다면 사용자 경험이 왜곡될 수 있다. 성격 유형이 감정 표현에 중요한 영향을 미치긴 하지만 감정은 개인적이고 복잡한 요인이기 때문에 AI는 감정 상태에 맞는 개별적인 대응을 하는 것이 필요하다.

성격 유형을 기반으로 감정 분석을 할 때, AI는 성격 유형을 단순히 감정의 하나의 요소로만 반영하는 것이 아니라 감정 상태에 맞춘 보다 유연하고 다층적인 대응을 해야 한다. 예를 들어, 우울한 감정을 표현한 사용자는 성격 유형과 상관없이 위로와 지원을 필요로 할 수 있다. 이러한 반응을 적절하게 제공하는 것이 AI의 역할이라 할 수 있다.

다섯째, MBTI의 데이터와 AI의 융합을 위한 기술적 발전이 있어야 한다. AI와 MBTI 성격 유형 데이터를 융합해 다양한 서비스를 제공하기 위해서는 기술적 발전이 필수적이다. 현재의 AI 모델은 텍스트, 음성, 표정 등 다양한 형태의 데이터를 분석해 감정 상태를 파악할 수 있지만 MBTI 성격 유형을 정확하게 반영하는 것은 여전히 도전적인 과제다. 이를 해결하기 위해서는 더 발전된 머신 러닝 알고리즘과 깊이 있는 데이터 분석 기술이 필요하다.

AI는 성격 유형을 예측하는 데 다양한 요소를 통합적으로 분석할 수 있어야 하며, 성격 유형을 넘어선 인간의 심리적 특성까지도 고려할 수 있어야 한다. 또한 MBTI 성격 유형의 해석에서 문화적 차이와 사회적 맥락을 반영하는 기술적 발전도 필요하다. 이는 AI가 보다 정확하고 포용적인 서비스를 제공할 수 있도록 하는 데 중요한 역할을 한다.

MBTI 성격 유형 데이터와 AI의 결합은 개인 맞춤형 서비스와 상호 작용을 개선하는 데 많은 잠재력을 가지고 있다. 그러나 이를 성공적으로 적용하기 위해서는 성격 유형의 다양성, 데이터의 정확성, 윤리적 고려, 맞춤형 반응 제공 등 여러 요소를 균형 있게 고려해야 한다. AI는 성격 유형을 기반으로 한 분석을 통해 사람들의 감정을 보다 정교하게 파악하고, 이를 바탕으로 더 개인화된 서비스를 제공할 수 있다. 하지만 그 과정에서 발생할 수 있는 잠재적 문제를 해결하기 위한 기술적 · 윤리적 접근이 필요하며, 이를 통해 AI가 더욱 효과적이고 책임감 있게 발전할 수 있을 것이다.

참고문헌

이영주(2022). 빅데이터를 활용한 MBTI에 대한 한국 사회의 인식. ≪학습자중심교과교육연구≫, 22(17), 797-809쪽.

정재준 · 임희석(2023.1.12). 트랜스포머 기반 MBTI 성격 유형 분류 연구: 소셜 네트워크 서비스 데이터를 중심으로. ≪한국컴퓨터정보학회 하계학술대회 논문집≫, 31(2), 529-532쪽.

10
인간 존엄성과 AI의 윤리적 방향

AI의 발전은 인간 사회에 거대한 변화를 가져왔으며, 앞으로도 그 영향력은 더욱 커질 것이다. AI 기술은 의료, 교육, 산업, 경제 등 다양한 분야에서 인간의 삶을 향상시키고 있으며, 자율 주행차, 스마트 헬스케어, 자동 번역 시스템, 챗봇 등의 형태로 우리의 일상 속 깊이 스며들고 있다. AI는 데이터 분석을 통해 더 나은 의사 결정을 지원하고, 인간이 수행하기 어려운 반복적이거나 위험한 작업을 대체하면서 삶의 질을 향상하는 데 기여하고 있다.

종교와 AI?

인간 존엄성

AI 기술의 급속한 발전은 예상치 못한 윤리적 문제와 사회적 영향을 동반한다. 기존의 알고리즘 편향성과 차별 문제, 개인 정보 보호, 인간 노동 시장의 변화뿐만 아니라 AI를 활용한 심리 조작과 감정 분석 기술의 악용 가능성이 제기되고 있다(Zuboff, 2023). 예를 들어, 딥페이크 기술을 활용한 가짜 뉴스 생산은 대중을 혼란스럽게 만들고, 정치적 선동에 악용될 위험이 있다(Chesney & Citron, 2019). 또한 감성 AI(empathetic AI)가 인간의 감정을 분석하고 조작할 수 있어(김지현, 2024) 윤리적 경계를 모호하게 만들고 있다.

AI가 인간의 삶을 돕는 도구로 활용될지, 혹은 인간의 존엄성을 위협하는 존재가 될지는 우리가 AI 개발과 활용의 방향을 어떻게 설정하느냐에 달려 있다. AI는 인간의 보조자로서 활용될 수도 있지만, 잘못된 방식으로 사용될 경우 인간의 권리와 자유를 침해할 수 있다. 따라서 인간 존엄성을 보호하고 유지하는 것은 AI 기술 개발과 활용에서 가장 중요한 원칙이 되어야 한다. 이 장에서는 인간 존엄성의 개념을 정의하고, AI의 윤리적 문제를 분석한 후, 지속 가능한 미래를 위한 AI 윤리의 방향성을 논의하고자 한다.

인간 존엄성은 모든 인간이 본질적으로 가지는 가치와 권리를 의미한다(Andorno, 2007). 이는 인간이 단순한 도구적 존재가 아니라 그 자체로 존중받아야 할 존재임을 의미한다(Kant, 1870). 인간 존엄성 개념은 국제 인권 선언 및 다양한 윤리적, 철학적 논의에서 핵심적인 요소로 다루어져 왔으며, AI의 개발과 활용에서도 반드시 고려해야 한다.

특히 인간 존엄성은 인간의 자유와 평등을 보장하는 사회의 근간을 이루며, 민주주의와 인권 보호의 핵심 가치로 자리 잡고 있다(Habermas, 1992). AI 기술이 점점 더 인간의 삶에 깊숙이 개입함에 따라 우리는 AI가 인간을 수단이 아닌 목적으로 대우하도록 설계해야 한다(Cowls, et al., 2019). 또한 지속 가능한 미래를 위해 AI가 사회적 불평등을 심화하지 않고 모든 인간의 존엄성을 보장하는 방향으로 발전해야 한다.

AI는 인간의 의사 결정 과정을 자동화하고 효율성을 극대화하지만, 그 과정에서 인간 존엄성이 침해될 위험이 존재한다. 예를 들어, AI가 채용 과정에서 편향적인 결정을 내릴 경우 특정 계층이 차별받을 수 있으며(Brynjolfsson & McAfee, 2014), 감시 시스템이 과도하게 발전하면 개인의 프라이버시와 자유가 제한될 수 있다(Zuboff, 2023). AI가 점점 더 인간과 유사한 역할을 수행하면서 인간과 기계 간의 관계가 변화하고 있다. 예를 들어, 인간과 상호 작용하는 챗봇이나 로봇이 감정적 교감을 제공할 경우 인간의 사회적 관계가 변화할 가능성이 있다(Turkle, 2012). 이러한 변화는 인간의 정체성과 존엄성에 대한 새로운 윤리적 고민을 필요로 한다. 또한 AI의 결정 과정이 불투명하면 결과에 대한 책임을 누구에게 물어야 하는지가 불분명해질 수 있다(Bostrom & Yudkowsky, 2018). 예를 들어, AI 기반 자율 주행차가 사고를 일으켰을 때 제조사, 프로그래머, 사용자의 책임을 명확히 구분하는 것은 어려운 문제다.

이러한 시대적 흐름 속에서 우리가 반드시 고민해야 할 문제는 'AI가 인간의 존엄성을 어떻게 존중할 수 있는가?'와 '윤리적으로 올바른 방향은 무엇인가?'다. 단순히 AI의 편리함을 누리는 것을 넘어, 인간 본연의 가치와 삶의 질을 보장하는 방향으로 AI를 발전시켜야 한다.

AI 기술의 개발과 활용은 인간 중심적인 접근 방식을 따라야 한다. 즉, AI는 인간의 보조자 역할을 수행하며, 인간의 존엄성과 권리를 최우선으로 고려해야 한다(Cowls, et al., 2019). 이를 위해 AI 윤리 가이드라인을 마련하고, 개발 초기 단계부터 인간 존엄성을 보장하는 원칙을 반영해야 한다. 또한 AI 시스템이 편향되지 않도록 하기 위해서는 다양한 인구 집단을 고려한 공정한 데이터 학습이 필수적이다(Mitchell, 2019). AI 알고리즘의 공정성을 검증하고, 차별적 결과를 방지하는 기술적 · 법적 장치를 마련해야 한다. AI가 의사 결정을 내리는 과정이 투명해야 한다. 사용자가 AI의 결정 과정과 논리를 이해할 수 있도록 설명 가능성(explainability)을 강화해야 하며(Doshi-Velez & Kim, 2017), AI의 오작동이나 윤리적 문제 발생 시 이를 해결할 수 있는 시스템을 구축해야 한다. AI가 인간 존엄성을 해치지 않도록 하기 위해 법적 · 제도적 규제를 마련해야 한다. AI 윤리 기준을 법적으로 명문화하고, 기업과 연구기관이 이를 준수하도록 하는 감시 및 감독 체계를 구축해야 한다(Goodman & Flaxman, 2017).

윤리적 방향

AI 기술은 현대 사회에서 필수적인 요소로 자리 잡았으며, 앞으로도 지속적으로 발전할 것이다. 그러나 이러한 기술의 발전이 인간 존엄성을 위협하지 않도록 하기 위해 우리는 윤리적 원칙을 확립하고 책임 있는 기술 개발과 활용을 추진해야 한다. 인간 중심의 AI 개발, 공정성과 투명성 강화, 법적 · 제도적 규제 마련 등을 통해 AI가 인류의 지속 가능한 미래를 위한 도구로 작용할 수 있도록 노력해야 한다.

이를 위해 다음과 같이 몇 가지 윤리적 방향을 제언하고자 한다.

첫째, AI가 인간의 노동을 대체하는 것이 아니라 인간의 능력을 확장하는 방향으로 활용되어야 한다. 인간의 창의성, 감성, 도덕적 판단 능력은 AI가 쉽게 모방할 수 없는 영역이며, AI는 이를 보조하는 역할을 해야 한다. 예를 들어, AI는 의료, 교육, 예술 등의 분야에서 인간이 더 나은 결정을 내릴 수 있도록 돕는 협력자로 기능해야 하며, 궁극적으로는 '기술 중심'이 아닌 '인간 중심'의 AI 발전이 이루어져야 한다(Yampolskiy, 2018).

둘째, AI의 윤리는 인간 존엄성을 중심으로 설계해야 한다. 현재 AI 시스템은 데이터에 기반해 학습하지만 이 데이터가 편향적이거나 부정확할 경우 AI의 판단 역시 왜곡될 가능성이 있다. 따라서 AI의 설계 단계에서부터 인간 존엄성을 최우선 가치로 삼고, 공정성과 포용성을 보장하는 방향으로 알고리즘을 설계해야 한다(Gao, et al., 2024). AI가 단순한 효율성을 넘어 사회적 책임을 다할 수 있도록 개발자는 윤리적 가이드라인을 철저히 준수해야 한다. 이를 통해 AI는 사회적 책임을 다하고, 다양한 배경의 사람들에게 공평하게 서비스를 제공할 수 있다.

셋째, AI가 인간의 정체성을 침해하지 않도록 해야 한다. AI 기술이 발전하면서 인간의 감정, 인지 능력, 정체성까지 모방하는 사례가 증가하고 있다. 예를 들어, AI 챗봇이 인간과의 감성적 교류를 제공하거나, 가상 인격이 인간을 대신하는 형태로 사용될 가능성이 있다(Long, et al., 2024). 하지만 이러한 기술이 인간 고유의 역할을 잠식할 경우 인간의 정체성이 흔들릴 수 있다. 따라서 AI는 인간의 정체성을 보완하는 역할을 하되, 인간의 감정과 윤리적 판단이 중심이 되는 방향으로 활용되어야 한다.

넷째, AI의 결정은 인간이 통제할 수 있어야 한다. AI가 의료 진단, 법률 판단, 금융 거래 등 중요한 결정을 내리는 사례가 점점 늘어나고 있다. 그러나 AI의 결정이 무조건적으로 받아들여지는 것은 위험하다. AI는 인간의 판단을 돕는 보조적 역할을 해야 하며, 최종 결정권은 반드시 인간이 가져야 한다. 이를 위해 '설명 가능한 AI(explainable artificial intelligence: XAI)' 기술을 발전시키고, AI가 내린 결정을 인간이 이해하고 검토할 수 있는 체계를 마련해야 한다(Birch, 2024).

마지막으로, AI의 발전 속도보다 윤리적 논의가 앞서야 한다. AI의 발전은 가속화되고 있지만, 윤리적 논의와 법적 규제는 그 속도를 따라가지 못하는 경우가 많다. 만약 AI가 인간 사회에 부정적인 영향을 미치게 된다면, 그 피해는 돌이킬 수 없을 정도로 클 수 있다. 따라서 기술 개발과 함께 윤리적 논의와 정책 수립이 병행되어야 하며, AI의 위험성을 사전에 예측하고 대응할 수 있는 시스템을 구축해야 한다.

AI와 함께하는 미래를 준비하면서, 우리는 단순히 기술적 진보만을 목표로 삼아서는 안 된다. 인간의 존엄성을 지키면서 AI를 활용하는 방법을 고민해야 하며, 이를 위해 기술 개발자, 정책 결정자, 학계, 그리고 시민 사회가 함께 논의하고 실천해야 한다. AI가 인간을 대체하는 존재가 아니라 인간을 돕고 보호하는 방향으로 발전하도록 지속적인 감시와 조정이 필요하다. 궁극적으로 AI는 인간 중심의 윤리를 바탕으로 설계되어야 하며, 인간과 AI가 조화를 이루는 사회를 만들어 가야 한다. 인간의 존엄성을 보장하는 AI만이 진정으로 지속 가능한 기술이 될 수 있기 때문이다.

책을 마무리하며

MBTI 성격 유형은 인간이 저마다 고유한 성향과 사고방식을 가지고 있음을 보여 준다. 어떤 사람은 논리적 분석을 선호하고, 어떤 사람은 감성적 공감을 중시하며, 또 어떤 사람은 외향적이고 활동적인 반면, 내향적이고 깊은 사고를 즐기는 이들도 있다. 이러한 다양성은 인간 사회를 더욱 풍요롭게 만들며, 개인의 개별성은 존중받아야 할 중요한 가치다.

그러나 AI 기술이 발전하면서 인간의 개별성이 간과되거나 특정 기준에 의해 획일화될 위험이 커지고 있다. AI는 데이터를 기반으로 인간을 분석하고 분류할 수 있지만 인간이 가진 복잡한 감정과 정체성을 완전히 이해하기는 어렵다. 따라서 AI가 인간을 단순한 유형으로 분류하는 것을 넘어 인간의 존엄성과 가치를 존중하는 방향으로 발전해야 한다.

이를 위해 AI는 인간의 다양한 성격과 개별성을 이해하고 수용하는 기술로 설계되어야 한다. AI가 개인 맞춤형 서비스를 제공할 때, 단순한 데이터 분석이 아닌 인간의 감정과 윤리적 가치를 고려해야 하며, 궁극적으로 인간이 존엄성을 지닌 존재로서 존중받을 수 있도록 해야 한다.

MBTI는 인간의 성향이 다채롭고 변화 가능하다는 점을 시사한다. 마찬가지로 AI도 인간을 고정된 틀에 가두는 것이 아니라 인간의 성장과 가능성을 확장하는 도구로 기능해야 한다. 인간 중심의 AI가 실현될 때 우리는 기술이 인간을 지배하는 것이 아니라 인간과 조화를 이루며 발전하는 미래를 만들 수 있을 것이다.

참고문헌

김지현(2024.5.22). 인간의 감성을 이해하는 AI. SAMSUNG SDS.

Andorno, R.(2007). Global bioethics at UNESCO: in defence of the universal declaration on bioethics and human rights. *Journal of medical ethics*, 33(3), pp.150-154.

Birch, J.(2024). *The edge of sentience: Risk and precaution in humans, other animals, and AI.* Oxford.

Bostrom, N. & Yudkowsky, E.(2018). The ethics of artificial intelligence. In *Artificial intelligence safety and security*(pp.57-69). Chapman and Hall/CRC.

Brynjolfsson, E. & McAfee, A.(2014). *The second machine age: Work, progress, and prosperity in a time of brilliant technologies.* WW Norton & company.

Chesney, R. & Citron, D.(2019). Deepfakes and the new disinformation war: The coming age of post-truth geopolitics. *Foreign Affairs*, 98, 147.

Cowls, J., et al.(2019). Designing AI for social good: Seven essential factors. pp.1-26.

Doshi-Velez, F. & Kim, B.(2017). Towards a rigorous science of interpretable machine learning. arXiv preprint arXiv:1702.08608.

Gao, D. K., et al.(2024). AI ethics: A bibliometric analysis, critical issues, and key gaps. *International Journal of Business Analytics*, 11(1), pp.1-19.

Goodman, B. & Flaxman, S.(2017). European Union regulations on algorithmic decision-making and a "right to explanation". *AI magazine*, 38(3), pp.50-57.

Habermas, J.(1992). *Faktizität und Geltung: Beiträge zur Diskurstheorie des Rechts und des Demokratischen Rechtsstaats*. FrankfurtlMain, Suhrkamp Verlag.

Kant, I.(1870). *Grundlegung zur metaphysik der sitten*, 28. L. Heimann.

Long, R., et al.(2024). Taking AI welfare seriously. arXiv preprint arXiv:2411.00986.

Mitchell, M.(2019). *Artificial intelligence: A guide for thinking humans*. arrar Straus and Giroux, New York, pp.444-449.

Turkle, S.(2012). *Alone together: Why we expect more from technology and less from each other*. Basic Books: New York.

Yampolskiy, R. V.(2018). Human indignity: From legal ai personhood to selfish memes. arXiv preprint arXiv:1810.02724.

Zuboff, S. (2023). The age of surveillance capitalism. In *Social theory re-wired*(pp.203-213). Routledge.

한정규

동의대학교 디그니타스교양교육연구소 연구교수다. 부산대학교에서 교육학 석 · 박사 학위를 받았다. 영산대학교 교수학습센터와 창원대학교 교육혁신원에서 교육상담 및 심리, 교수 · 학습법과 강의 질 관리 등을 연구했다. 현재 동의대학교 디그니타스교양교육연구소에서 포스트휴먼 포용하는 미래형 기초교양교육을 연구하고 있다. 주요 저서로는 『MBTI 성격 유형과 인공지능로봇 윤리』(2024), 『고독의 심리학 I』(2019), 『고독의 심리학 II』(2019)가 있다. 주요 논문으로는 "포스트휴먼 시대의 그라비타스 향상을 위한 시나리오 기반 학습 모형 연구"(2024), "Developing a DC-PBL Model to Enhance Collaborative Competencies in the Era of Digital Crisis Transformation"(2024), "MBTI를 활용한 융합형 교양교과목 연구: 의사소통 능력, 협력적 자기조절, 인공지능 윤리의식의 변화를 중심으로"(2025) 등이 있으며, 여러 편의 논문을 KCI 등재 학술지에 게재했다.